正しい八方美人になる秘密

人づき合いのコア

山﨑拓巳
Takumi Yamazaki

かんき出版

はじめに

時代は変化した。
なのに、人づき合いの方法は変えなくていいのかな？

インスタグラムやTikTokで、いろんな方からのお悩み相談を受けると、気づくことがあります。それは、**人の悩み事の9割は、人づき合いによるものだ**ということです。

そして、その悩みの多くは、時代が変わり、人づき合いの常識も変わってきていることに原因があるかもしれない、と思うようになりました。

ちょっと想像してみてください。

みなさんは、**「八方美人」という言葉を聞いて、どんなイメージ**を持ちますか？

10年前だったら、あまり良いイメージではなかったかもしれません。

でも、ＳＮＳでなんでも可視化されてしまう今の時代は、どんな噂話も陰口も、すぐに広まってしまいます。不用意に言ったひと言で信用を失ったり、ひどいときには仕事を失うことさえあります。

そんな時代には、**全方向に感じの良い人、つまり敵を作らない「正しい八方美人」であること**は、とても大事です。

人から好かれることは素敵なことです。

でも、こんな時代に大切なのは、好かれることではなく、嫌われないことの方だったりします。『嫌われる勇気』というベストセラー書籍がありますが、むしろ、「嫌われない勇気」を発揮する方が、現代の人づき合いはうまくいきます。

「嫌われないように振る舞わなくてはならない」というのは、ひょっとしたら、少し息苦しく感じるかもしれません。でも、一方で今の時代は「いい人がバカを見ない」、素敵な時代でもあります。

昔は、いい人は騙される、いい人は損をするという考え方がありました。でも、これだけ人と人がつながり合っている現代では、**いい人は絶対に損をしません。**なぜなら、今ほど「信頼貯金」が効く時代はないからです。あなたが「いい人」であるという評判は、必ず伝わっていくのです。

私たちが昔、見聞きしてきた「これまでの人づき合い」。

そして、SNSによって変化した「新しい人づき合い」。

変わらないことと、変えていった方が良いこと。

今の時代は、その2つの「人づき合い」のやり方が、左と右からぶつかり合っているようなものです。**この2つがぶつかり合って、混ざり合った重要な部分を、僕は「人づき合いのコア」**と呼ぶことにしました。

たとえば、人の悪口を聞いたときは、どうすればいいでしょうか。
誰かにイラっとしたときは、どう考えればいいでしょうか。
人との関係を深めたいと思ったときは、どうしましょうか。
逆に、誰かとちょっと距離を置きたいときの、うまい方法はあるでしょうか。

この本では、これまでの常識だけではなく、**今の時代だからこそ重要になった人づき合いの方法**を、お伝えしていきたいと思います。

お役に立てますように。

CONTENTS

第1章 まず、自分とのつき合い方を変える

第2章

人づき合いの始まり

第3章

人づき合いを深める

CONTENTS

第6章

人づき合い・友人編

CONTENTS

第7章

人づき合い・家族編

◎編集協力　佐藤友美
◎カバーデザイン　井上新八
◎本文イラスト　坂木浩子
◎本文デザイン・図版作成　齋藤稔（株式会社ジーラム）

第1章

まず、自分とのつき合い方を変える

誰かと自分を比べてしまったとき、
そんなときはぜひ、
魔法の質問を自分にしてみてください。
「その人の人生を生きるとなったときに、自分は喜べるのか」
ということを。

プラス思考より
「寄り添う力」

CORE CORE

自分を大切にする人が、他人に寄り添うことができる

人づき合いの本なのに、最初の章が「自分とのつき合い方」なのはなぜ？　と思った人もいると思います。今から、その説明をしますね。

まず、大前提として、これからのコミュニケーションは、**人を「理解しない」ことが大事**です。

えっ？　理解しない？　それでいいの？　と思ったかもしれません。でも、ちょっと聞いてください。

これまでの人づき合いの基本は「相手を理解すること」だったと思います。

たとえば、お近づきになりたい相手が「サボテンが好きなんだよね」と言ったとし

たら、「そうか、サボテンか……。今は興味ないけれど、好きになれるかな。理解できるように頑張らなくちゃ」というコミュニケーション。

でも、これからの時代に大事なのは**「理解すること」ではなく「寄り添うこと」**です。「サボテンが好きなんだよね」と言われたら、「そうか、あなたはサボテンが好きなのね。僕はあいみょんが好きなんです。僕があいみょんを好きなように、あなたにとってはサボテンが大事なんですね」と思える力。

これが、これからの時代の人づき合いに最も大事な力です。

今の時代は、ひと昔前に比べて価値観が多種多様です。

だから、相手の好きなものを理解はできなくてもいい。サボテンは理解できなくても、**ものを好きになる気持ちに寄り添えればいい。**

お互いに好きなものがあるという共通項を見つけることで、わかり合うことができるのです。

たとえば、友人に悩みがあると相談されたら……。

ここでも大事なのは「寄り添う力」です。

「こう解決すべきだ」とアドバイスするのではなく、**「そっか、それは大変だったね」**とか、**「わかるよ。それは辛いよね」**と寄り添ってあげる。

そうすることで、相手は落ち着きます。

今の時代に必要なのは、この「寄り添い」のコミュニケーションなのです。

たとえば、落ち込んでいる人に対して、

「そんなの、3年経ったら笑い話になるよ」

と言う人がいたとします。

と、人ごとのように書きましたが、かつての僕は、よくそういう言葉を言っていたと思います。僕みたいなプラス思考を崇拝する人間は、ついついそうやって話を明るくしたくなるのです。

でも、そんなふうに落ち込んでいる人を一瞬にして浮上させようとするのは、実は自分自身が悩んでいる人を見るのが苦しいからです。自分自身が、答えの出ないことを受け取るのが怖いんですよね。

解決策を見つけてあげるのではなく、

「そっか、大変なんだね」

「わかるよ。それは悲しいね」

と、**一緒に落ちていく。**

こうやって、一緒に「落ちて」いくと、相手は落ちるところまで落ちて着地する。これが「落ち着く」ということなのだそうです。

相手が落ち着くためには、一緒に落ちていかなきゃ到達しない。

これもやはり、「寄り添う力」です。相手が必ず浮上することを、信じて寄り添うわけですね。

でも、これができるようになるためには、**誰よりも自分自身を信頼してなきゃいけません。**そうじゃないと、一緒に落ちるところまで落ちるのが怖いですもん。

先ほど僕は、人を「理解する力」よりも、「寄り添う力」が大事だと言いましたが、これは人づき合いにおける態度だけではありません。これからの時代は、**自分自身に対しても、「寄り添う力」が大事です。**

この、「寄り添う力」のことを、心理学の用語で、ネガティブケイパビリティと言います。もともとは「どうしても答えの出ない事態や、未解決のことがらを受容する力」を意味する言葉です。もう少し詳しく考えていきましょう。

人づき合いのコア 1

人づき合いは、理解するのではなく、寄り添うことから始まる。

ダメな自分に寄り添う

「自己肯定感が高い」人とはダメな自分に寄り添える人のこと

人間には、どうしても解決できないことがたくさんあります。それを、**そのままで受け止める力。それがネガティブケイパビリティ**です。

世の中には、「自信がある人」を「自己肯定感が高い人」だと思っている人が多いと感じます。でも、それは違います。

そうではなくて、**ダメな自分も受け入れることができる力が自己肯定感**です。

そう、ネガティブケイパビリティがある人、つまり自分自身に寄り添う力がある人が、自己肯定感が高い人なのです。

これからの時代は、この「自分に寄り添う力」がとても重要になってきます。

それには、理由があります。

失われた30年と言われたこれまでの日本は、努力が実らない国でした。

どんなに頑張っても、努力が実らないのであれば、チャレンジを避けたいと考える人が増えて当然です。

打席に立てば打率も下がるので、事なかれ主義で減点されない人たちが、企業で出世していきました。

ところが、企業自体が力を失ってきた現代は、求められることが変わってきました。

これからは、**バッターボックスに立たない人よりも、三振しても打席に立ち続ける人**が活躍していく時代になるでしょう。


これまでは、大企業というプラットフォームに帰属することが力の象徴でした。

でも、もう「個の時代」が始まっています。

企業にぶら下がっているだけでは生き残れない。各個人の価値が問われる時代がやってくるのです。個々人が魂磨《たましいみが》きをして、経験値を上げていかないとならないわけです。

たくさん打席に立つと、当然、失敗も増えます。チャレンジャーほど、打率は下がります。たとえば作詞家の秋元康さんは、ものすごい数のヒット曲を出していますが、その影で売れなかった曲も大量にある。

秋元さんをみていると、**ホームラン王は三振王でもある**ことがわかります。三振しても打席に立ち続けるからこそ、ホームランが打てる。そこを、僕はめちゃめちゃ尊敬しています。

現実の野球の世界でも、ホームラン王は三振王でもある、ということが実際に起こっていますよね。フルスイングするから、三振するし、ホームランも打てるわけです。

そして、そのチャレンジを続けるときに大事なのが自己肯定感です。**うまくいかないときに、ポキっと折れず、次にいこうと思える力です。**

秋元康さんというと、遠い有名人の話に聞こえるかもしれません。でもこれって、僕たち一般人も同じなんですよね。

ブーン

最近、20代の人たちと話をしていると、「しくじることが怖い」とよく聞きます。あるデータでは、20代の独身男性のうち、デートをしたことがない人が6割いるのだそうです。これは、「しくじることが怖くて告白できない」からではないかと言われています。

たしかに、その気持ちはわかります。

昔の告白は「ラブレターをそっと下駄箱に入れる」でした。たとえフラれたとしても（その相手の子が、ラブレターを黒板に貼り出したりしない限り）、その告白がさらされることはありませんでした。

でも今は、LINEのスクショが友達内でまわされるような時代です。僕たちは、しくじりがバレてしまう時代に生きています。そう考えると、「なるべくなら、しくじりたくない」という気持ちもわかります。

だけど、**そのしくじりを恐れすぎると、何にもチャレンジできない人になる**し、一生好きな人をデートに誘えない人になってしまう。経験値が上がっていきません。

仕事で失敗したときも、フラれたときも、

「失敗しちゃいました」

「フラれちゃいました！」

と言えるネガティブケイパビリティが大事になってくるのです。


自分を否定しない。

ダメな自分も認められる。

そして、自分のマイナスを隠そうとしない。


そういう人が、これからの時代には大事だし、自分に寄り添える人は人づき合いもうまくいくようになります。

では、なぜ自分のダメな部分を認められると、人づき合いがうまくいくのでしょうか。それは、**人づき合いは、パズルの凸と凹のようなもの**だからです。

CORE CORE

自分の「欠け」を許せないと人の「欠け」も許せない

自分のダメな部分、それは凸凹でいうと凹の部分です。

凹というのはへこんだところですから、言ってみれば、才能がない部分かもしれません。でも、へこんでいるからこそ、凸をすんなり受け入れられる。凹の人は、「才能は足りないかもしれない」けれど、「人の才能を生かす才能を持っているかもしれない」とも言えるのです。

凹がある人には、凸がある人を紹介したくなります。そうすると、自分ひとりではできないことに、どんどんチャレンジできるようになります。**「欠け」を受け入れることができるから、いろんな人とくっついて、世界を拡大することができる。**

そんなチャンスを手に入れるためには、できない自分を隠さないこと。ダメな自分にもそっと寄り添える、ネガティブケイパビリティが大事なのです。

自分の欠けている部分を大事にできる人は、人の欠けている部分にもそっと寄り添えます。

逆に、**人の「欠け」が気になる人は、自分の「欠け」が許せない人**です。

「あいつ、細かいよなあ」

なんて言う人は、実は、本人も細かい人です。大雑把な人は、人の細かさに気づきません。人の細かさに気づける人は、自分も細かい人なのです。

自分はその細かさが嫌だし直したいと思っているのに、平気でそれを出してしまう人が許せないんですよね。

欠けている部分、つまり「ない」ことにフォーカスしていると「この欠けさえ補えれば幸せになれるのに」と感じます。でも、その**「欠け」は、成長するほどに、相似形で大きくなってしまう**のです。

寂しがり屋の人は、権力を握ると、大寂しがり屋になりがちです。

意地悪な人は、金持ちになると、大意地悪になりがちです。

そうならないためにも、自分にも人にも、寄り添える人になりましょう。

誰もが「欠けた部分を持つ円」だからこそ、「欠け」を見るのではなく、「ある」方を見る。**「ある」方を見ていれば、成長したときに「ある」方も大きくなって、より幸せを感じることができます。**

大切なのは、円を削り出して、真円を作ること。「ある」方が大きくなったことに感謝して幸せが溢れたら、さらに好循環が生まれ、素敵な未来がやってくるでしょう。

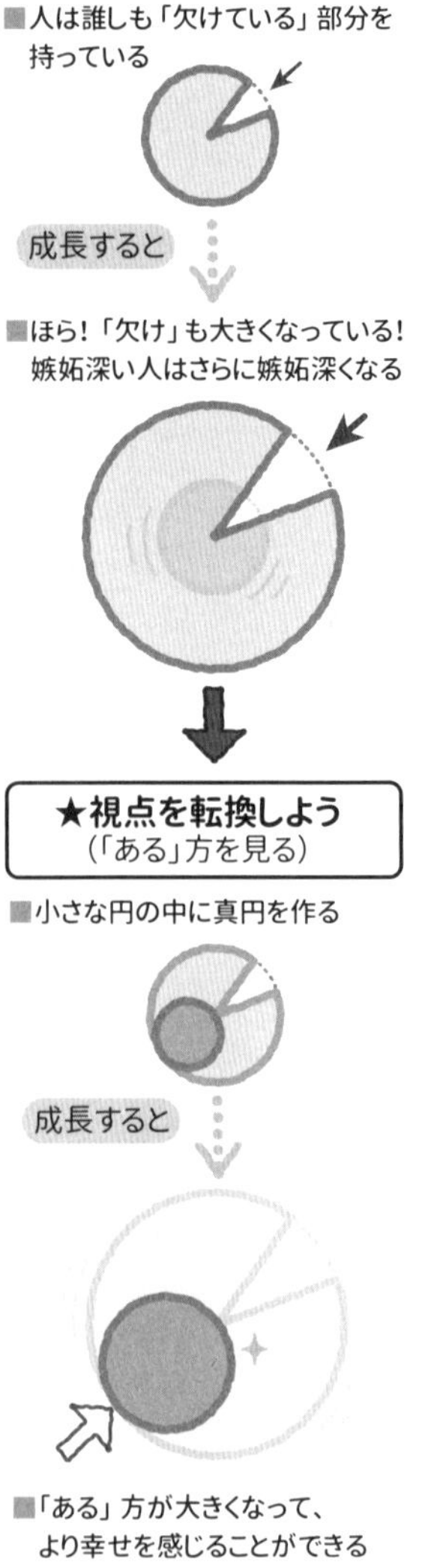

■人は誰しも「欠けている」部分を持っている
成長すると
■ほら！「欠け」も大きくなっている！嫉妬深い人はさらに嫉妬深くなる
★視点を転換しよう
（「ある」方を見る）
■小さな円の中に真円を作る
成長すると
■「ある」方が大きくなって、より幸せを感じることができる

イラッとする部分に、あなたの才能がある

他人にイラっとしたときは、実はチャンスかもしれません。

先ほど、「人の欠けているところにも、自分の欠けているところにも寛大になろう」と言ったばかりで、その言葉をひっくり返すようですが、イラッとする部分には、あなたの才能があるのです。

たとえば、レストランに行ったとき、お水の置き方ひとつで「なんなの？　雑じゃない？」とイラッとした人は、サービス業に向いている人です。

文章を読んだときに「この文章、長いなあ。もっと短く区切って読みやすくすればいいのに」とイラっとできる人は、文章が書ける人です。

気づくということは、そこにあなたの才能があるのです。そこを深掘りしてい

くと情熱の源泉があるかもしれません。

だから、他人の「欠け」が気になるときは、その気持ちを感じた自分をしっかり見つめてあげましょう。ひょっとしたら、そこに人生を大きく前に進めていける宝が埋まっているかもしれません。

人づき合いのコア
2

自分の「足りないところ」ばかり見ると、他人も許せない。他人の「足りないところ」に気づくのは、自分の長所かも。

人が人を好きになるメカニズムを知っておく

人間関係は鏡の法則

人づき合いにおいて、絶対の法則がひとつあります。

それが仕事であれ、友人関係であれ、家族の関係であれ、**人間関係は、鏡の部屋で成り立っている**ということです。


たとえば、恋愛中の女性は、彼氏という鏡の部屋に入れられています。彼氏が、

「君のそういうウイットに富んだところが、好きだよ」

と言えば、知的な自分が鏡に映る。彼が、

「君の気取らないところが、可愛いと思うんだ」

と言えば、チャーミングな自分が鏡に映る。

あっち向いても、こっち向いても、素敵だし、私、可愛い。これが、鏡の部屋に入

れられた女性の心理です。

「彼氏しか見えない」というのは、実は、「自分しか見えない」ということと同じです。

彼氏という鏡に映された自分（の良いところ）だけが見えるわけです。

恋愛だけではありません。

「あの人といると本当に楽しい」と思う場合、好きなのは相手のことではありません。

その相手の鏡に映る自分が好きなのです。

逆もまたしかりです。

たとえば苦手な上司がいたとします。それは、上司が苦手なわけではなく、その上司の鏡に映る自分が醜いのが嫌なのです。その自分の醜さを見たくないから、その上司を避けるようになる。

だから、仕事相手に機嫌良く動いてもらいたいのであれば、**自分が良い姿見にな**

る必要があります。

いいリーダーは人の良いところしか見ないとはよく言われることですが、これもまさに、鏡の法則とリンクしています。

もう少し、鏡の法則について考えてみましょう。

「私、人づき合いが苦手です」という人は、**人づき合いが苦手なのではなく、人を通して見る自分の姿を見たくない人**です。これが、人づき合いが苦手な人の根本的な課題です。

逆に、人づき合いに苦労していない人は、人づき合いが得意なのではなく、**自分という鏡に相手の素敵な部分を映す能力が高い人**です。

「たとえば、○○さんは、どうしてその仕事をしているんですか?」

と聞いたときに、

「やはり、人が好きなので、頑張れるんですよね」

と言われたら、

「だと思いました。〇〇さんって、本当に人を大事にされますよね」

と、本人が気に入っている部分を鏡に映し出す。

そうすると、その人は嬉しくなるし、あなたのことを好きになります（本当は、あなたを好きになるのではなく、あなたという鏡に映される自分が好きなのですけれど）。

だから、もし、人間関係が苦しくなっているのだとしたら、**鏡に映っている相手の姿を変えてあげましょう。**

「私は、○○ちゃんのこと、好きだよ。どうして好きかというとね……」と、素敵な自分を映してあげるのです。すると相手は、自分の素敵さを見たくて寄ってきます。

人たらしな人たちは、みんな、素敵に映る鏡を持っているものです。

そして、**余計な忠告をしません。**忠告をすると、人は自分の見たくない姿を鏡で見せつけられることになるからです。

ただし、注意しなければならないのは、その鏡が歪んでいたらダメだということ。

お世辞を言うのではなく、本心から良いと思うところを映してあげる。等身大のままで素敵な自分が映っていることに意味があるのです。

ここで再び、ネガティブケイパビリティが重要であるという最初の話に戻ります。**人の良いところを映し出してあげるためには「寄り添う力」が大事**になるからです。

僕たちは、つき合う相手が「でも……」とか「だって……」とか「私なんか……」と言い出すと、苦しくなってしまいます。

その苦しさから逃げたいと思うあまり、大至急、明るい方向に連れて行ってあげなきゃいけないと思ってしまいます。

でも、**本当にその人を救うのは、無理やり明るい場所に連れていくことではない**のです。その場所にいるまま寄り添って、素敵な部分を見つけてあげる。そして鏡に映してあげることなんですよね。

それができる自分であるためにも、やはり、ネガティブケイパビリティが大事です。
人とつき合う前にまず、自分とのつき合い方を変える。
これが人づき合いの第一歩です。

人づき合いのコア
3

相手の素敵なところを見つけて、鏡に映し出してあげれば、自然と好きになってもらえる。

第2章

人づき合いの始まり

告白して振られない方法があるんだって。
「好きなんですけど、勝手に好きになっていていいですか」
この先出しジャンケンが相手の深層意識をググっと動かして、
新しい風景と新しい物語を紡ぎ始めていく、
たまらないスパイスになっているっていう。

愛って結局、何？

CORE CORE

愛の反対は憎しみではない

若い頃の僕は、決して人づき合いが上手ではありませんでした。仕事を教えてくれた先輩からは、事あるごとに、**「お前には愛がない」**と言われていました。

最初はその言葉の意味が、よくわかりませんでした。

「チームメンバーに対して、こんなにも時間を割いてやっているのに、これでもまだ愛が足りないのか?」と思っていたからです。

でも、そうやって不貞腐《ふてくさ》れている僕に、先輩は**「それは、お前の成功のためにやっているだけでしょ?」**と言うわけです。痛いところを突かれた気持ちでした。たしかに……と。

では、どうすれば良いのでしょうか。

僕の仕事は、命令ができません。

というのも、僕のチームメンバーの多くは副業でビジネスをしているので、報酬や命令で動かすことができないのです。

命令できないときに、どうやって人の心を動かすか。

悩む僕に、先輩は、「愛を持って接しなさい」と言います。


でも、**当時の僕には、その「愛を持って接する」がよくわかりませんでした。**

仕事以外でも接する時間を増やせという意味かな？

もうちょっと優しく接すればいいということかな？

この問いは僕の心の中にずっと残っていました。かれこれ、10年くらい考えていたと思います。


ずっと心のどこかで愛について考えていたあるとき、古くからの知り合い（てんつくマンという面白い友達がいます）が、

「拓巳さん、愛の反対って何か知っていますか?」

と聞いてきました。

「そりゃあ、憎しみでしょう」

と、僕は答えました。するとその友人は「いや、違う」と言います。

「憎しみは、愛が極まって憎しみになる。だから、憎悪は愛の向こうにしかないんですよ。だから、**憎しみは愛の反対ではありません」**

というのが彼の言葉でした。

なるほど。「では、愛の反対とは何だろう……」。そう考え込んだ僕に、彼は教えてくれました。

マザー・テレサはこう言っています。

「愛の反対は無関心だ」と。

その言葉を聞いて、僕は、ハッとしました。

そうか。

「愛の反対は無関心」

ということは、逆に言えば「その人に関心を持つということが愛なのか」と思ったからです。それだったら、僕にもできるかもしれない。

10年以上考え続けてきた悩みに、僕は、ひと筋の光を見出しました。

CORE CORE

「愛を始める」にもコツがある

愛の反対は無関心。では、**愛を示すには関心を伝えれば良いのではないか！**

30代の初めにこのことに気づいた僕は、初対面の人とのコミュニケーションの方法をがらっと変えました。

人に関心を持とうと思った僕がやったこと。それは、とても単純で、人の話をとにかく真剣に聞くことでした。

まず、初めて会う人には、**名前を聞き、話を広げる。**

「どんな漢字を書くのですか？」

「誰がつけた名前ですか？」

「うわあ、お父さん、ロマンチックですね。どんなお仕事をされていたんですか？」

「ご出身はどちらですか?」……etc. etc.

一度「関心を持つ」と決めたら、人に聞きたいことは山ほどあります。そして、こうやって会話をすることで、相手が喜んでくれることにも気づきました。

後から知ったのですが、実は、船井総研の創設者である船井幸雄先生も、新入社員には必ず出身地を聞いて、そこはどんな場所かと尋ねたそうです。

そして、「そんな素晴らしい場所でお生まれになったということは、さぞかし素晴らしい人として育つでしょうね」と話をされると聞きました。

さらには、「どんなご両親に育てられたんですか」と尋ね、「そんな素晴らしいご両親に育てられたっていうことは、さぞかし素晴らしい人生を歩むことになるでしょうね」とも話されるそうです。

どんな場所で生まれたか、どんな親御さんに育てられたか。船井先生のような雲の上の存在の方から質問をもらった新入社員は、どんな気持ちになるでしょう。

きっと、船井先生に関心を持ってもらえたことを、大事に抱えて生きていくと思います。

＊

突然ですが、**モチベーション3・0という言葉**を聞いたことがありますか？

モチベーション3・0とは、報酬のような要因に依存しない、**自分の心の中から湧き上がる動機を大切にして人をマネジメントすること**を指します。

提唱したのは、ダニエル・ピンク。「モチベーション2・0＝外発的動機づけ」に対して、「モチベーション3・0＝内発的動機づけ」。自分の中にモチベーションがあるので、継続的にやる気を引き出せるのが、モチベーション3・0だと言われています。

最初にこの話を聞いたとき、僕は「本当にモチベーション3・0の世界がくるのかなあ？」と懐疑的に思っていました。

というのも、先ほど話したように、僕のチームメンバーの多くは副業でビジネスをしています。ですから、僕は20年以上前から、モチベーション3・0の世界で仕事をしてきたようなものでした。

そのモチベーション3・0の世界のマネジメントが、めちゃくちゃ大変だったからです。

リーダーになると、常にメンバーに気をつかう毎日になります。彼らのモチベーションを下げてしまうと、すぐに実績も下がっていくからです。それはそれは、難しいマネジメントでした。

だから、同じ立場の仲間たちとはよく「一度でいいから、『部長命令だぞ！』って言ってみたいよね」などと冗談で話すほどでした。

しかしこの、**命令ではつき合えない相手との人づき合いこそ、愛が大事だ**と気づきました。つまり、相手への関心を伝えるのです。

そして、**相手に関心を示してつき合うことで、「信頼貯金を貯めることができる」**

ことにも気づきました。

話を戻します。

人に関心を持とう。それが愛を伝えることになる。

そう考えた僕は、**ありとあらゆる人に、出身地を聞くようになりました。**船井先生の話ではないですが、出身地の話と家族の話は鉄板です。褒められて嫌がる人はいないからです。

この「出身地を聞く」を続けていると、自然とアンテナが立ってくるようになります。たとえば奈良県出身の人が、今、名古屋に住んでいると聞いたらそれはビビっとくるポイントです。

なぜなら、奈良の人は地元を出るとしたら、たいてい大阪か東京に出るからです。それなのに名古屋に住んでいるとしたら、名古屋大学に行ったのかな？　どうしても行きたいゼミがあったのかな？　それとも車関係の仕事かな？　と、推理を巡らせます。

そして、それを相手に聞いてみる。「うわ、どうして拓巳さん、わかるんですか。そうなんです。どうしても師事したい教授がいて」となる。そこですかさず、「どんな教授だったの?」と聞きます。

出身地の会話から、その人が人生において最も大事にしている価値観を聞き出すまで、ほんの数分。

初対面でもバッチリ関係性ができます。そして信頼貯金が貯まります。

この出身地トークは、相手に喜んでもらえるだけではなく、思わぬ副産物も生み出します。あまりに地名とその特徴を聞き続けてきたので、気づくと、**エピソードのストックがどんどん増えてきました。**

全国のどんな地域の名前を言われても、即ツッコミができるようになってきたのです。

たとえば、仙台出身の人の話を深掘りしていくと、次に仙台の人に会ったときの会話のネタになります。

「ねえねえ、仙台の七夕って8月なんでしょ!?」

と聞けば、

「なんでそんなこと知ってるんですか?」

となる（笑）。

「おはよう！ 靴下！ って言うんでしょう？（靴下が破れたときの表現）」

と言えば、

「そうなんですよ。仙台のこと、お詳しいんですね」

となります。そうすると話が盛り上がるし、さらに仙台を深掘りしていくと、相手は自分に関心を持ってくれていると感じます。

『青葉城恋唄』の話になり、さとう宗幸の出身地の話になり、広瀬川の話になり……、僕にはさらに仙台ネタのストックが貯まる（笑）。良いことだらけです。

出身地だけではなく、人と話をするときは、**「今、何にフォーカスしているの？」と聞くことが多いです。**すると「数秘術です」なんて答えが返ってきたりする。そうしたらすかさず「数秘術の面白みって何？」と深掘りする。

これもやはり、その人に関心を持っていますよということが伝えられる上に、**いろんなことに詳しくなれる方法です。**

どんな人にも、**「悦《えつ》ポイント」**のようなものがあります。この話だったら、いつまでも話せるといった、話して楽しいことです。

余談ですけれど、みなさん、ラクロスって男子と女子でルールが違うのを知っていますか？　同じスポーツなのに、男子は相手のステッキを叩いてもOKで、女子はダメなんですって。面白いですよね。

そんなことも、僕はこの深掘りトークから知りました。

昔は、よく「T型人材を目指せ」と言われていました。専門的な知識やスキルをひとつ持ち、それを軸に専門外のあらゆるジャンルに関しても知見がある人材タイプのことです。

でも僕は今、「π型人材」になることが大事なのではないかと考えています。幅広くものを見るのではなく、**深掘りできるジャンルが複数ある。**そうすると、**いろんな収入源を持てる可能性**にもつながる。

深掘りトークを続けることで、信頼貯金を貯めることができるだけでなく、π型人材にも近づくことができる。

僕は、人と会うとき、**「さあ、今日も楽しく、愛、やるか！」**と気合いを入れます（笑）。

「愛情を持って接するべきです」と言われるとちょっとしんどいかもしれません。だから、「よし、愛、やるか！」くらいの気持ちでスタートするのもよいかもしれません。

くり返しになりますが、「愛＝相手に関心を持つ」です。

人づき合いのコア
4

愛とは相手に関心を持つこと。出身地トークや「悦ポイント」の深掘りが効く。

信頼貯金を積み立てるには

信頼貯金を積み立てるための3分ワーク

誰かが親友を連れてきたとき。僕は、出会って3分以内に、その親友も「聞いたことがない」とびっくりするような話に至ることがあります。

親友ですら、「えっ？　そうなの？　聞いたことなかった！」と驚く会話をすることは、訓練すれば誰でもできるようになります。

たとえば、僕のワークショップでは、1分から3分くらいの時間で、相手の素性をどれくらい聞き出すことができるか、実際にレッスンをします。

コツは、たったひとつだけ。

本気の好奇心を持つこと。

相手が何か話をしたら、**「だったらさ……」か「となると……？」と、話を続けます。**

実際に口を開いたときには、その言葉の続きは思いついていません。質問があるから質問をするわけではありません。「だったらさ……」や「となると……？」と口に出している時間で、何か思いつくように自分を追い込んでいるのです。

これは、僕だからできるわけではありません。訓練すれば、誰でもうまくなっていきます。

ひとつ質問をして、答えを得たら、**さらに3個ほど質問を重ねる**ように試みてください。

たとえばこの間は、

「私、山菜を探しに山に入るのが好きで」

と、言われました。そうか、そこくるか！　となってしまう、僕には門外漢の分野です。でも、そういうときも、

「となると、やっぱり春ですか？」

と聞いてみる。

「いや、春以外にも、山菜っていろいろあるんですよ」

と言われます。このときはもう、

「へえええええ」

ですよね。ここまできたら、**もう、好奇心が止まらない。どんどん聞きたいことが増えてきます。**

「山菜って、食べられるものとそうじゃないものは、どうやって見分けるんですか」

「実は、最近、ケータイをかざすだけで草花の名前が出てくるアプリがあるんですよ。拓巳さん知っていますか？」

と、**どんどん話が広がっていきます。**そのうちに、**親友も知らなかった話に行き着く**というわけです。

親友というのは、共通の趣味があったり、一緒に出かけたりする部分が重なってい

る者同士である場合が多いものです。お互いの持ち分が重なる、**のりしろの部分が多い**とでも言えばいいでしょうか。

だから、人生の多くが重なっています。そののりしろ以外の部分は、個性だけみたいになっていきます。その部分を掘り当てるのは、とても楽しいものです。

ミクシィが生まれ、ツイッターやフェイスブックが生まれ、今は共通の友人が可視化される時代です。でも、こういう話の聞き方をしていると、SNSを見なくても、「じゃあ、◯◯さんと知り合いかな?」と当てられるようになります。

いろんな人の話を聞けば聞くほど、**そのジャンルが得意ということは、あの人たちのことを知っているかな?**と尋ねることができるのです。

これもやはり、驚かれます。

そういった会話ができると、信頼貯金はますます貯まっていきます。

*

もうひとつ、人の話を真剣に聞く練習を紹介します。**他己紹介をしていく練習**です。これは、飲み会のときにもよくやる方法です。

たとえば、今は4人しかいないけれど、あとから6人到着して10人になるというような飲み会があったとしましょう。そのとき、4人で自己紹介し合った内容を、遅れてきた6人に、別の人が紹介するという方法です。

人を紹介しなくてはならないとわかっていれば、人はものすごく真剣に話を聞きます。緊張感が生まれて、とても良いんですよ。

逆に言えば、それくらい普段は人の話を聞いていないということでもあります。

ちなみに、この他己紹介、テキストで頭にインプットしようとすると、難しいです。暗記力に頼ると、意外と覚えていられないんですよね。

そうではなく、もう少し奥行きのある**映像で覚えると、覚えやすくなります。**

たとえば、「残業が多い仕事です」と言う人がいたら、その人が残業しているシーンを映像で思い浮かべるわけです。できるだけ画素数の高い映像で捉えておくと、あとから思い出しやすくなりますよ。

ちなみに、人の言葉を映像で捉える訓練は、人から新しい話を聞き出したいときにも役立ちます。**優秀なコーチは、再現VTRが撮影できるくらいの解像度で人の話を聞く**そうです。たとえば、

「ラグビーの試合で負けて、すごく悔しかったんです」

と言われたとき、

「そうか、悔しかったんですね」

で、納得してしまってはダメ。

「そのとき、チームメンバーとどんな話をしたのですか？」

「それは何時くらいにやった試合？　天気はどうでした？」

「試合が終わった後には、どうやって家に帰ったのですか？」

「親とは何か話しましたか？」

「それで、その日は何時くらいに寝たんですか？」

と**質問を重ねることで、より深い話が聞ける**ようになります。

また、質問された本人も、その当時のことをありありと思い出せるので、今まで人には語っていなかった感情にも気づけたりするそうなのです。

その話を聞いてから、僕も、人の話を聞くときは、なるべく解像度の高い映像を脳内に描けるように心がけています。そうすると、自然と疑問や質問が生まれてくるものです。その質問から、また話が広がります。

今は、人間関係が希薄になりやすい時代です。だからこそ、**対面で会って、一度でも深い話をした人**に対しては、「この人は、自分のことをわかってくれた！」と感じるものです。

そして、人は、自分のことを深くわかってくれる人のことは、自然と大切にしたいと思う生き物です。「また会いたい」と思われる関係が作れるようになるのも、**「好奇心を持って話を聞く」からスタート**するのです。

人づき合いのコア
5

人は自分のことをわかってくれる人が好き。初対面でも親友レベルの関係になれる。

第3章

人づき合いを深める

正論を振りかざすときは、
少し外してしゃべってあげるコツを身につけると、
やさしさとして相手に伝わり、
たくさんの人が
あなたについてくるようになる。

win-winになるには

CORE

刈り取りをしない関係性

長く友好的な人づき合いをしたい。

そう感じたときに、いつも思い出す話があります。

僕の友人で、中国の山奥から水晶を買って卸しの仕事をしている若い女の子がいます。もともとは、御徒町でパワーストーンを売る店の売り子だったのだけれど、その商売に魅力を感じて、今では現地に出向いて買い付けをしているのです。

「そんな、中国の山奥にまで入って、危なくないの?」

と聞いたら、

「だいぶ危ないですよ」

と、あっさり言います。だから、買い付けに必要なお金をトランクに入れ、そのトランクを自分の手と手錠で結んで過ごすのだそうです。ボディガードを連れて山奥まで行くのだけれど、そのボディガードに命を奪われる可能性もあるのだとか。

彼女に、

「どうやって命を守っているの？」

と聞くと、

「要は、目の前のお金を奪うよりも、私と長くつき合ってたくさん儲けた方がいいと思わせるんです」

とのこと。すごいですよね。

そんなサドンデスもある世界は極端だけれど、大なり小なり、こういった考え方は、平和な日本でもあると思います。

この人と長くおつき合いして利益をあげていきたいと思ってもらえるか。それとも、目の前で不義理をしてでもお金を奪ってやろうと思われるか。

長くつき合いたいと思われる人でいたいですよね。

そして、自分自身も、相手との関係性を目先の利益のためと考えるのではなく、長い時間をかけてお互い成長できる関係でいたいものです。

ちなみに、みなさんは、詐欺師の見分け方はわかりますか?

いい人かどうか、では見分けられません。**詐欺師はたいてい、いい人風**だからです。いい人じゃなければ、詐欺師になることはできません。

では、本当にいい人か詐欺師かを見分けるためには、**5年以上のおつき合いがある友達が複数いるかどうか**を見ればいいんですって。

どう見極めるのかは別として(苦笑)、なるほどと思いますよね。

それくらい、「長くつき合う」ことは、信頼の証でもあるわけです。

人づき合いのコア 6

長いつき合いの友達がたくさんいるということは、人の信頼貯金のバロメーター。

相手の色を
出してあげる

「気持ちよく話せた」という思いがリスペクトにつながる

僕が人と話をするときは、**相手の色を出してあげることに専念します。**

その人と別れるときに、

「今日は拓巳さんの話を聞こうと思ってきたのに、自分の話ばかりしてしまいましたね」

と言われるくらいが、ちょうどいい。

先日、ある人とインスタライブをしたのですが、僕が話しすぎて、終わったあとにずっと反省していました。

僕が青で、相手が赤だったとしたら、終わったときに綺麗な紫になっていなかった。青が多すぎた。ああ、話しすぎたなあと後悔です。気をつけているつもりなのですが、

自分の話ばかり
してしまいました

今でも、そういうときがあります。

ちなみに、ある大学の実験で、AさんとBさんが登壇していたときの話です。

Aさんは「私は、こんなにすごいことをしています」とアピールしていて、Bさんは「あなたのお仕事は？　どんなことをされているんですか？」と、Aさんからどんどん話を引き出していました。

終わった後に、参加された方々にアンケートを取ると、圧倒的に「Bさんの方が、大物に見えた」という結果が出たようです。

相手の話を引き出すこと、相手にスポットライトが当たるようにすることが聞き手の懐の大きさを示すのだ、と思わされた実験でした。

相手の色を引き出すには、**相手の「悦ポイント」を探すのがコツ**です（55ページ参照）。

多くの人は、自分の興味がある話をふくらまそうとします。

でも、良い人づき合いをしようと思ったら、相手の興味があるところを膨らませな

いといけません。ですから、その人が大風呂敷を広げられるところを探すわけです。

質問をしているうちに、ちょっと**声が大きくなったり、話すスピードが速くなったり、前のめりになったりする。**それが、相手にとって話して気持ちの良い「悦ポイント」の合図です。

過去に頑張ったときの話を聞くのも有効です。

「これまでに、一番嬉しかったことは何？」

「過去に、一番頑張ったのは何？」

「そのときに何が一番、大変だったんですか？」

という質問は、キラークエスチョンです。

この、何が嬉しいか、なぜ嬉しいかは、人によって大きく違います。たとえば、「文化祭でみんながひとつになった瞬間が、嬉しかった。結果は2位だったんですけれど、みんなが徹夜しながら、これこそ青春だよねってなったのが最高で」

なんてことが聞ければ、その人の信念がちらりと見えてきます。そのあとは、

「ひとつになったという経験をして、どんなことが得られたのかな?」

と、深掘りしていきます。

「仲間と一緒になってひとつのものを創り上げていくのは、最高に楽しいですね」

みたいな感じで答えが返ってきたら、さらに**その人を支えているビリーフ(信念・価値観)が見えてくる。**


最近の若い人たちは、成功体験がないとよく言われます。けれども、こうやって嬉しい体験を聞き出すと、**何をモチベーションにしているのかの片鱗を知る**ことができます。

反対に、嫌だったことを聞くこともあります。それは、嫌だったことの裏返しが、未来にやりたいことになっている人もいるからです。

「あんな経験は二度としたくない」と思っていることにも、その人の信念が垣間見られることが多いものです。

ちなみに、先ほど話した「今日は失敗したなあ。僕ばっかり話してしまったなあ」という相手の方には、その次の日にすぐ会う約束を取り付けました。

僕は、人とは長時間話すのではなく、**短い時間でなるべくたくさん会う**ように心がけています。接触回数を増やすのです。

ひとりと3時間話すのだったら、**1時間弱、4回会った方がいい。**それが、仲良くなるコツです。

人づき合いのコア 7

質問に対する反応を見ながら、相手の気持ちがよくなるように話をリードする。

自分だけ勝とうとしない

「勝ち組」ではなく、「幸せ組」を目指す

人の話を聞くときだけではなく、**意見のすり合わせのときも、お互いの色を意識します。**

若い頃は、自分の色で相手を染めたがっていたと思います。

「それは自分と違う」

「間違っているよ」

と、自分の意見を押し付けていたように思います。

でも、ちゃんと相手のことを聞いていると、**意外と同じ意見を持っていることに気づく**こともあります。

たとえば僕が、

「旅行に行くのなら、海がいいよね」

と言ったとします。相手が、

「熱海とかどう?」

と聞いてきたとします。僕は、熱海、イマイチだなあと思っていても、

「なんで熱海がいいんですか」

と聞いていくと、とくにこだわりがなかったり、逆に好きなポイントがあったりして、それは自分が好きな別の島でも実現できることで、最終的に「沖ノ島がいいですね」と双方が気持ちよく合意できるところに行き着くことはよくあります。

それがついつい、

「えー。熱海? どうして?」

と、相手を否定してしまう会話になりがちです。相手をこちら側に無理やり寄せてしまう。これをすると、お互い幸せなすり合わせはできなくなります。

そうではなく、相手の喜びはキープしたまま、**相手の軸に合わせながら自分の軸**

にも近づけていく。受け入れられるところを探すわけです。

僕はいつも、合気道のイメージを持ってコミュニケーションをしています。

空手は、相手に打ち勝つ感じですよね。でも、合気道は、相手の力を活かして倒す武術です（合気道は試合がありません。試合に合わせて準備するのではなく、常に整っていることに重きを置いているようです）。

もちろん、ゴールは倒すことではなくて、自分の意図どおりに物事を進めたいだけなのですが、そのときに、**相手の力を借りるのが一番うまくいく。**相手も喜ぶし、自分も嬉しい。イソップ寓話の「北風と太陽」みたいなお話ですね。

当然、相手の意図に乗っかる日もあります。今日は勝ったけれど、明日は負ける。トータルで8勝7敗くらいだった、でいいじゃないですか。

人生はトーナメントではなく、リーグ戦。全部勝とうとすると、ピッチャーもファーストにヘッドスライディングするようになるので、ケガをして次の大会で投げられなくなる恐れがありますね。

自分で全部決めなくては。
全部の試合に勝たなくては。
そう思っているときは、人づき合いが苦しかった。

相手の力を使おう。
全部勝てなくてもいい。
そう思うようになってから、人づき合いがラクになっていったと思います。

人は、勝ち組になりたいわけじゃないんですよね。
幸せ組になりたい。

そう考えると、人となるべく争わず、お互いにwin-winを保てる関係性を長く続けることが、幸せ組への近道なのではないかと感じます。

言わなかったことの方に品性が宿る

今では「相手の悦ポイントを探す」などと言っている僕ですが、**昔は自分のことしか考えてなく、痛い思いをした**ものです。

僕は、チームのリーダーたちにたくさん手伝ってもらった人間です。

でも、先輩から、

「拓ってほんとに、みんなに手伝ってもらってここまで大きくなったよね」

と言われたとき、ナチュラルに、

「僕は、手伝ってもらったことないですよ」

と答えていました。

「お前、それはないだろう」

とたしなめられても、

「僕は手伝ってもらったのではなく、手伝わせたんです」

と返していました。主体性は僕にある。

これまで、「人を集めてくれ。喋ってあげるから」と言われたことは、一度もありません。だけど「自分が人を集めるので、喋ってもらえませんか」とお願いしたことは何度もあります。

だから、主体性は僕にあります。主人公は僕自身ですということを、恥ずかしげもなく言っていました。それで、周囲に苦々しい思いをさせていました。

でも、自分も少しずついろんなことを学んで、そう話すことが信頼貯金を減らしているということに気づくようになります。

なんでもかんでも話せば良いというものではない。

「何を言ったかが知性で、何を言わないかが品性だ」という言葉があります。喋らないがゆえに人間関係を壊している人はほとんどいないけれど、昔の僕のように、**喋りすぎて人間関係を壊している人はたくさんいる**のです。

今の僕は、相手の軸で話をしてもらうことで、結果的に自分の軸で人を動かしていくことができます。僕にも実利があり、相手にも実利がある。その関係性を長く続けていくことが、人づき合いであり、コミュニケーションであると考えています。

ちなみに、人の話は聞けるけれど自分軸がない、という人がいますが、これはこれで問題です。相手軸だけになっていると、相手に振り回されてしまって、気づいたら自分の定位置がどこかわからなくなってしまっている。

自分の軸はちゃんと持ったまま、相手にも実利があるように考える。これができないと疲れてしまうので、やはり信頼関係を長く続けることはできません。

人づき合いのコア 8

人づき合いに勝ち負けはない。自分の軸を持ちながら、相手の良さを上手に引き出そう。

近づきすぎず、一定の距離を保つ

近づきすぎるとかえって危ない

どんな話でも、僕はメモをとります。よく、「拓巳さんは、20代の若者と話すときでもメモをとりますね」と笑われます。**僕は誰かと出会うということは、その人を介して神様がメッセージを送り届けてくれた**と考えます。

だから、その話から何を学ぶのかという姿勢を大事にしています。

それは自分のためにやっていることですが、そういう僕の態度は、相手にとっても嬉しいことのようです。

一生懸命メモをとって、「この話が勉強になった」と伝えたら、相手も喜んでくれるし、「拓巳さん、私の話をメモして聞いてくれるんだな」と思えば、それは信頼につながります。

信頼を獲得する秘訣と、信頼を獲得し続けていく秘訣は、大きく違います。

最初は距離を近くすることによって、信頼を獲得できます。

そして、ほとんどの人はさらに距離を縮めようとします。それが、最後にぶつかって終わってしまう理由です。

長くおつき合いしようと思ったら、**ある程度以上は距離を縮めない。**

バロメーターは、相手の欠点が見えない距離。相手の良いところだけしか見えない距離感でおつき合いして、リスペクトののりしろでくっついていく。

尊敬している関係性を保つためには、近づきすぎてはダメなのです。

近づきすぎると、それまでのその人が築いてきた人間関係に不協和音を奏でさせてしまうことがあります。

ちょっと露骨な話ですが、**手土産を持っていくくらいの関係性が良い**と思うのです。それくらい、**相手に甘えない、リスペクトする関係を続ける**ことが、「信頼を獲得し続けていく」秘訣だと考えています。

マインドマップとLINEでヤッホー

仕事もプライベートも、長く生きているとどんどん知り合いや関係者が増えていきます。僕は、関わってくれている人たちのことは、記憶に頼らず、**マインドマップに書き込んで、忘れないようにビジュアル化**します。

たとえば、今進めているビジネスであれば、どんなチームに誰がいるのか。コーチングの仕事ではどんな人がいるのか。

長男としての自分を中心にした親戚のマインドマップもあります。妻の家族のマップもあるし、昔の陸上部の仲間たちのマップもある。

それを定期的に眺めて、「最近、この人とは、全然連絡取れていないな」と思ったら、「ヤッホー!」と、LINEを送ります。

「ヤッホー」と送ったら、相手からはだいたい、「あっ、こんにちは。お久しぶりですね」と戻ってきます。

たいていは「最近はどうしているんですかぁ?」と返します。

相手が何か気になっていることがあったら、そのときに話してくれるでしょうし、とくに問題なく元気にしているようなら、他愛もない話をして5、6往復で会話が終了することもあります。

大事なのは、この、ほんの少しのやりとりをすることだと僕は考えています。

短いやりとりでも、連絡をもらった方は、「あっ、拓巳さん、私のことを見てくれている」と思ってくれます。

その**ほんの少しの接触で、人は頑張れたりするものだ**と思うからです。

僕のチームメンバーの話をすると、自分を支えてくれているリーダーは、全国に200人くらい。クラスで言うと、6クラスくらいいるわけです。記憶だけで連絡をとると、どうしても抜け落ちてしまう人が出てきてしまいます。だから、マインドマップ。

気をつけているのは、**頼み事があるときだけ連絡する人間にはならない**こと。「自分にメリットがあるときぐらいしか、連絡してこないんだな」と思われてはいけない。それは、人間としても残念だと思います。

でも、実際には、人は自分の都合でしか連絡しないことが多いんですよね。だから、ほんの少し努力するだけで、この人は違う、この人のためにはひと肌でも、ふた肌でも脱ぎたいという関係性を作ることができると思っています。

ここでも**重要なのは、接触頻度です。長い文章は必要ない**。ほんのひと言、ふた言、気にかけているよということがわかれば良いのです。

僕のアドレス帳には、メンバーの名前のところにメモが書かれています。

「犬、〇日入院」とか「お母さん、〇〇の病気」とか。「滋賀出身」「元パティシエ」「筋トレ大好き」などなど。

あ、
ヤッホー！

その人が大切にしていることでも、そういうことはメモしておかないと忘れてしまう。だから、**アドレス帳を開くと、その人とのやりとりがわかるようにしているんです。**

そうすると、「あの件、その後どうなった?」と聞けるし、「そんなことまで覚えていてくれるんですか?」となる。

この間、メンバーの家に行ったとき、

「見てください、これ、拓巳さんからいただいたハガキです」

と、昔送ったハガキの束が2束ありました。

「これ、持っていてくれているの?」

と聞いたら、

「拓巳さんからいただいたハガキは、全部残してあるんですよ」

と。たった3行くらいしか書いていないのだけれど、大切に保管してくれていることに、ジーンときました。

メールやLINEになる前は、そうやって**仲間にマメにハガキを送っていました。**

当時は全国を行脚しながらの仕事だったので、年間200泊くらいホテルに泊まっていたのだけれど、ホテルにあるハガキと便箋と封筒は、全部使っていました。

年間200泊の宿泊をコロナになるまで33年くらい続けていたので、仲間内では、「ホテルにあるハガキと便箋を使っている人ランキング、全日本1位だよね」とよく笑われていました。

そのときも、表を見ながら（当時は手書きの表でしたが）、**誰に連絡しようかなと考えて、ピンときた人に連絡をしていました。**

明らかにトラブルを抱えている仲間に直接連絡したら、それはあからさまだから、その人がお世話になっているチームメンバーに連絡をとったりして。そのメンバーから「拓巳さんからハガキきたんだよね」と伝われば、なにか良い波動にならないかなと考えたり。

コロナ禍に入る前のことです。サイバーエージェントの人事責任者の方のお話を聞く機会がありました。

サイバーエージェントでは、社長を含めた取締役全員が、月に一回全社員を対象に食事会をしているというのです。業務についての意見交換だけではなく、お互いの趣味の話なども共有し、濃密な人間関係を構築している、とのことでした。

その方によれば、ビジネスの人づき合いで大事なのは、ホウレンソウ（報告・連絡・相談）ではなく、ザッソウなんだそうです。ザッソウというのは、雑談と相談。雑談というのは、オンラインではなかなかできないものですよね。

こういう、**人づき合いの機会があると、人は離れていきにくくなる**と思います。

僕も、その話を聞いて、もっとメンバーと話をしようと思いました。「確認すべきは『どんな気持ちで過ごせているか？』なのだ」ということにも感動しました。

手紙やＬＩＮＥを送るときでも、直接会うときでも、僕が気をつけてきたのは、**僕の時間軸を押し付けない**こと。

僕は僕の人生を生きているけれど、その人にはその本人の人生というひとつのストーリーがあります。その人は、間違っても僕の人生の脇役ではない。だから、今、どんな状態で、どんなものが見えているのかを想像する。自分の思うメリットを押し付けないのが重要だと思うわけです。

こう考えられるようになったのも、やはり若いときに「拓って、自分さえ良ければいいと思ってない？」と、先輩にチクリと言われたからです。

それでも、自分の体調や気持ちが乱れているときは、自分の意見があたかも正しいように感じてしまうときがあります。

そういうときは、**自分の感情を、一日寝かせる**ようにします。

今、正しいと思っていることも、疲れているからかもしれない。とくに、腹が立ったときは、必ず一日寝かせるようにする。それで、**書いたけれど出さなかったメッセージを次の日の朝に読んで青くなる**ことも何度もありました。

今は、腹が立つようなことがあったら、一度書いたメールを自分に転送しておきます。そして、朝起きたときに読み返すようにしています。

だいたいの場合は「ああ、送らなくてよかった、セーフ！」となります。**時間が解決してくれることも多い**ですよね。

人づき合いのコア 9

人づき合いは細く長く、くらいがちょうどいい。お互いに手土産を交換し合うような関係でいよう。

怒りには怒りで応じない

CORE CORE

相手を怒らせてしまったときは

先日、ある人に**「私、拓巳さんのおかげで、命拾いをしました」**と言われました。

その方は、あるコミュニティを運営している人だったのですが、そのコミュニティで一番声の大きなメンバーが、講師である彼女に食ってかかってきたことがあったんだそうです。

そのときは、烈火のごとく怒っていたメンバーが、

「そんな言われ方をして傷ついた。私はもう、このコミュニティを出ていく」

と、仲間を引き連れてコミュニティを出ようとしていたそうです。

そこで彼女はとっさに、僕がインスタで話していたことを思い出して、

「そういうふうに聞こえたということは、私の方が悪かった。そんな気持ちにさ

せてしまってごめんなさい」

と、謝ったそうなんです。

そこで、**怒りに震えていた相手の気持ちがしゅっと沈下した**らしく、大事にならずに済んだという話でした。

あとからよくよく話を聞いたら、食ってかかってきた人に誤解があったことが判明したらしいのです。

ですが、そのときに「そういう意味で言ったわけじゃないから」とか「それはあなたの誤解です」と言っていたら、たぶん、傷跡は大きくなっていたことでしょう。固唾《かたず》を呑んで成り行きを見守っていた、他のメンバーにも悪い影響が出たと思います。

そのときに「あなたにそう聞こえたのであれば、そう思わせた、私が悪い」と言えたことで、**コミュニティ崩壊の危機を避けることができた**そうです。

僕はいつも、「あなたがそう思ったということは、そうしたことと一緒だから、ごめんなさい」と、言い逃れをしないことを伝えてきました。そうすることが、相手の心に寄り添うことだからです。

そして、相手に寄り添うことができれば、結果的にもっと大きな墓穴を掘ったり、炎上したりするのを防げるからです。

人を怒らせてしまったとき、こちらに100パーセント非がないことはありません。どんなに誤解だったとしても、そう思わせてしまったのは、こちらです。

ひょっとしたら、普段からの関係が良好だったり、信頼貯金がたっぷり貯まっていたら、そんなトラブルにはならなかったかもしれません。

だから、**「誰かがそう思った」ということは、「それをしたのと同じ」**と捉えた方がいい。そう考えて次のコミュニケーションをとることで、結果的にはこじれた糸がするっとほどけることも多いものです。

その知り合いが僕から聞いたことを実践して、ことなきを得て、さらには相手をな

あなたが
そう思ったと
いうことは、
私が
悪かったです
ごめんなさい

じらなかったことで、**コミュニティの絆が深まった**と教えてくれたことは、僕にとっても嬉しい出来事でした。

人づき合いのコア ⑩

「誰かがそう思った」ということは「それをしたのと同じ」。人づき合いに「誤解」はない。

噂話はスルーする

CORE

噂話が好きな人は噂話で破滅する

まだハタチそこそこの頃のことです。仲間でグダグダ飲んでいるときに、ある人の噂話になりました。みんなが、

「あの人、嫌だよねえ」

と言うので、お酒を飲んで気が大きくなっていた僕は、

「ああ、あの人、僕も嫌。絶対に爬虫類系だから、嫌い」

と調子を合わせていました。

そうしたら、その場にいた自分の尊敬するリーダーに、こっぴどく叱られたんです。それはもう、親に叱られるレベルではなく、完膚なきまでに叱られました。その先輩は、

「お前、それ、本人に向かって言える?」

と聞くわけです。

「いや、言えるわけないですよ」

と言うと、その先輩は、

「でもな、そういう噂話は絶対に伝わるから。**噂話っていうのは、本人に向かって言うのと同じ**なんだよ。だから、二度と言うな」

と、何時間もかけて説教されました。**このときの先輩のお叱りは、本当に人生の宝だった**と思っています。


それからというもの、人の噂話は金輪際しないと決めました。そのことが、本当にその先の僕の人生を救ってくれたと思います。

というのも、**噂話をしないと決めると、僕には噂話が巡ってこなくなる**のです。

「こいつには何を話しても、乗ってこないから、つまらないな」

と思われたら、人は噂話をしてこなくなります。そうすれば、嫌な気持ちになることもありませんし、思ってもいない相槌を打たなきゃいけないこともありません。

人の悪口を言うことは、その瞬間にはたまらない甘い果実を手に入れることができます。場は盛り上がるし、一瞬だけの連帯感を得ることもできる。

でも**その代償として、人間関係を短くする。**一瞬、悪口を通して仲間意識が芽生えたとしても、

「この人、気をつけておかないとダメだな」

「こういう悪口を言う人なんだ」

と思われる可能性だってあります。


でも、誰かが悪口や噂話を言っているときに、会話に乗らないのも不都合だし、肯定してしまうのも不都合。そんなときは、

「みんな、いろいろありますよね」

と、誰も否定せず温存することが、安全な選択肢ではないかと思っています。

噂話というのは、その場に立ち合っていただけで、ゴシップのネタにされてしまいます。

自分はひと言も話していなかったとしても、「あの場所には山﨑拓巳がいた。そして、合意していた」と言われれば、これまた、ありもしない噂を流されることになります。

だから、**噂話自体と距離をとることが大事**なのです。

噂話が好きな人は噂話に弱い。つまり、噂話に足を引っ張られます。

逆に、噂話をしない人は、噂話に強い。

何かを成し遂げたいと思っている人の足を引っ張る人はたくさんいます。組織が大きくなればなるほど、成果よりも評判が重要になることもあります。

本来の頑張るべき目的から大きく外れ、組織内、企業内の社内政治に翻弄されてしまうのが人間の常です。

そういうときに重要なのは、**ゴシップに乗らないこと。**

あいつにそういう話をしても無駄だよ、無頓着だよと思われること。

これは、仕事の場面だけではなく、人づき合い全般で大切にしたいことです。

人づき合いのコア
11

他人の怒りや噂話に足元をすくわれないよう、日頃から距離のとり方を練習しておこう。

相手を
やり込めない

「正論はできるだけ言わない」が吉

人づき合いにおいては、**「何を言うのか」よりも「どう言うのか」の方が大事**です。それくらい、コミュニケーションのとり方が重要になってきます。

僕は、怒られて喜ぶ人などいないと思っています。それがどんな正論でも、怒らせてしまったらもう台無しなのです。

怒られると、相手には恐怖心が芽生えます。

恐怖心が芽生えると、自分で考えて行動することが怖くなります。そうなってしまったら最後、自分で考えることを放棄するようになってしまいます。

その人の価値観が「怒られるか」「怒られないか」になってしまって、善悪の判断もできなくなっていきます。

「怒る」という行為は、相手の自尊心をクラッシュしてしまうし、場合によっては相手を病ませてしまうことにもなりかねません。

人は、言われた通りには育たない生き物です。

人は、人の真似をして育っていく生き物です。

だから、怒ると怒る人が育つし、人を伸ばそうと接すれば、そういう人が育ちます。

とはいえ、どうしても**正論を言わなくてはならないシチュエーションもある**でしょう。

そういうとき、僕は、バッサリと刀で斬るのではなく、**峰打ちをするように意識しています。**

峰打ちというのは、刀の峰（刀剣の背面に当たる部分）で、打撃だけ与える方法です。相手を殺さず、骨折もさせず、致命傷も与えない。正論を言うときは、この態度が大事です。

具体的にどうするかというと、**「〜すべき」という言葉を封印します。**この「〜すべきである」という言い方は、それが正論であればあるほど、相手をバッサリ斬りつけてしまいます。

「〜すべきだ」という言葉は、相手の逃げ道をなくしてしまう言葉です。逃げ道がなくなると、窮鼠猫《きゅうそねこ》を噛むじゃないけれど、相手は刃向かってくるしかなくなります。

こういうときに、人は敵を作ってしまうんですね。

ではどうするか。僕は、**「〜かもしれない……」という言葉を使います。**

「今、この施策を打つべきだよね！」

と言うのではなく、

「今、この施策を打つと良いのかもしれない……」

という感じで話すのです。

ポイントは、少し語尾をもごもごさせて、尻すぼみに話すこと（笑）。

〜かもしれない……
ゴツ

間違っても大声を張り上げたりしない。そうすることで、**相手に恥をかかせない。**逃げ道を作ってあげることが大事です。

僕は、本を書くときも、できるだけ上から目線で書かないように気をつけています。アドバイスは、**上から目線ではなく、横から目線。**

ここは大事な主張なので「〇〇である」ときっぱり言い切ってくださいと出版社の人に言われても「〇〇かもしれない」としか、書かない（笑）。

それは、人は、自分が間違っているときよりも、**正しいことをしていると思っているときの方が、相手を傷つけやすい**ものだと思うからです。

正論を言うときほど、峰打ちで！

人づき合いのコア 12

相手をやり込めても何ひとついいことはない。正論を言うときは、峰打ちで。

第4章

人づき合いを見直す

本当に悪い人には、
神様や社会が罰を与えてくれます。
だから、自分を汚さないこと。
恨んで何か仕返しをしても、結局また返ってきます。
仕返しは神様に任せて、自分は次に進むことが、
大切なのではないでしょうか。

人を嫌いになったり嫌われたときには

人を嫌いになってしまったときの対処法

誰かを嫌いになりかけているときは、相手が悪いのではなく、距離が近すぎるという話はしてきました。

初めて会ったときは、企業の面接と同じく、お互いが「自分は素晴らしいです」と背伸びをしていますが、時間の経過とともに「本性があらわになる」のです。

見たくない相手の姿が見えたり、見られたくない自分を相手が知ってしまう。

人間と人間、人間と組織の「のりしろ」は甘えではなく、尊敬であって欲しいと思います。**「相手の良いところしか見えない距離」を覚え、その距離を保つ**ことが出会いをご縁に変えていく方法です。

スポーツにたとえるとわかりやすいでしょうか。

2時間のテニスくらいだったら、嫌なところも見えず、見せず、お互いに気を遣いあいながら楽しむことができます。

でも、**ゴルフだと長くなる（笑）。だから、相手のいいところも嫌なところも、丸見えになる**危険性をはらんでいます。

逆に言うと、だからこそ商談をするときにゴルフが選ばれるのでしょう。人となりが見えるし、パーソナルなつき合いになりやすいからだと思います。

こんなことがありました。

僕がビジネスをスタートしたハタチのとき。経費を浮かせるために、僕にビジネスを教えてくれた同級生とルームシェアをしようとしたことがあります。

そして僕はそれを、おふくろに相談しました。

「ある程度結果が出るまでは、経費を下げるために、そいつの部屋に転がり込むか、俺の部屋に転がり込むかしてもらおうと思っているんだよね」

と。そうしたらおふくろは、

「今だけのメリットを考えるのだったら、そうしたらいいんじゃないの。でも、**一生の友達でいたいのだったら、一緒に住んじゃダメ。**目先のお金をとるのか、それとも友情をとるのか、考えた方がいい」

と言いました。そこまで言われた僕は、

「じゃあ、だったらやめておくわ」

となったのですが、そのとき、「おふくろ、深いことを言うな」と思いました。一生の友達でいたいのであれば、近づきすぎちゃダメというわけです。

僕には、30年近いつき合いの尊敬できる友達が何千人もいます。でも、それはきっと、続くべき適切な距離が保たれていたということだと思います（長いおつき合い、本当にありがとうございます！）。

人間関係は、敬意と敬意でつながっているときが安定しています。そのためには、近づくけれど、近づきすぎないという距離感が大事。

相手の欠点が見えたときは、向こうからも見えていると肝に銘じましょう。

ちょうど良い
距離感

ただ、どんなに気をつけて人と接していても、嫌われることはあります。

たとえば、ＳＮＳで知らない人にからまれたというのであれば、残念ですがブロックさせていただいています。

その人の普段の投稿はどんな投稿なんだろう、というのも見に行かない。**その人のことを意識すればするほど、自分の中にその存在が大きくなる**からです。その人の存在や、考え方を尊重する意味でも交流をなくし、お互い健全に生きていくことを願う姿勢を大切にしています。

でも、どんなに見えなくなったとしても、誰かに批判されたという遺恨は自分の中に残ります。この**遺恨に飲み込まれてしまうと、自分を嫌いな人の思うままの人生を送る**ことになってしまいます。

「あなたなんかダメになってしまえ」と思われているのですから、ダメになってしまったら、その人の思い通りになってしまう。ほら、見たことかと思われてしまうわけです。それは避けたいことです。

だったら、その人の言葉をエネルギーに変換して、活躍しようと思います。もしく

大波
ブロック
エネルギーへ変換

は、相手があなたのことを悪いやつだと思っているのであれば、「より善き人になってみよう」と身を正す機会にする。

この遺恨のようなものを、どう成長と貢献のエネルギーに変換していくかを考えるのです。

人づき合いのコア 13

遺恨には正面から立ち向かわず、身を正すいい機会と捉えよう。

嫉妬と仲良くなる

嫉妬は燃料にする

酒は飲んでも、飲まれるな。そして、嫉妬はしても、飲まれるな。

嫉妬という感情はやっかいなものです。嫉妬心に飲まれると、普段はしない愚かな判断をしてしまうものです。

人のことを引きずり下ろそうとすると、必ず自分も引きずり下ろされることになります。それがわかっていても、やめられない。それは、アドレナリンが脳に分泌されて、成功を勝ち得たときと同じくらいの喜びを得てしまうからだそうです。

相手を呪い殺してやるというくらいの気持ちになるとき、人は喜びにまみれているのです。

昔から、怖い話をすると、幽霊が集まると言われました。

同じように、愚痴や悪口を言っていると「魔」を引き寄せます。

嫉妬にまみれているときは、自分にも悪い「気」を集めてしまっているのです。

では、どうすればいいのでしょうか。

まずは嫉妬心を否定しないことが重要です。嫉妬を否定してしまったら、かえってゆがみが生じます。だから、「人は嫉妬するものなのだ」ということに寄り添います。

その上で、**嫉妬をうまく使う**ようにしています。嫉妬を燃料にするのです。


周りの人と比べて落ち込んでしまう人は、特別な才能がある人です。その人の凄さがわかるのは、その人と同じ線上に乗っているからです。

嫉妬できるということは、自分のマイナスに気づく人。それは言い換えれば、ライバルのプラスの面を見抜く力があるということです。

その力を使って、マイナスの感情を、プラスに変えます。たとえば、「自分には才能がない」ではなく、「〇〇さんて、めっちゃ能力が高いよね」と言い換える。「自分は貧乏で困窮している」ではなく「○○さんて、豊かさが溢れていて、余裕があって素敵！」と言ってみる。

自分を卑下するのではなく、相手を讃える。だって嫉妬するくらい、その人の行動が羨ましいわけですから。

その**自分の心の声に素直になると、不思議と嫉妬心が薄れていく**のがわかります。また、その称賛の噂を聞いた相手にも、大変喜んでもらえます。

もうひとつ、嫉妬との上手なつき合い方があります。これは最近編み出したもので、**嫉妬する相手の喜びの中に入り込んでしまう**という方法です。

たとえば、その人が高い業績を上げて社長賞をもらったとします。そしたら、その人というアバターに入ったつもりで「社長賞、やったぜ、イエーイ！」と言ってみます（笑）。その喜びを感じてみるのです。

すると、これまた不思議なもので、次は自分の方におはちが回ってきて、良いことが起こるのです。これはきっと、その人の周波数に同調したからなのだと思います。

嫉妬するということは、「自分自身がそういう人になりたい」という気持ちがあるわけです。つまり、潜在意識レベルで、その出来事を好んでいるのです。

それを認めて、まるで**自分が成し遂げたかのようにイエーイ！　とやってみると、セルフイメージが上がります**。セルフイメージが上がると、なぜか良い運気が回ってくるものなのです。

そう、運気は天下の回りものです。けれども、「どうしてあいつばかり」と嫉妬していると、自分の順番が遅くなる。だから、相手のアバターになったつもりで、一緒に喜んでしまうのが良いのです。

一方、嫉妬をされるような状況に対しては、どうすれば良いでしょうか。

僕は、良いことが起きたときは、「やった!!」と思うのではなく「コツコツと貯めてきた〝徳〟のクレジットが減った」と考えます。

たとえば、子どもが志望校に受かるとか、ビジネスがうまくいくとか、家が建つとか。

そういう**良いことが起こったときは、これまで積んできた自分の徳を、良い出来事に換金した**ということだと考えるのです。

昔は家を建てると近所の人たちを呼んで餅まきをしましたよね。あれと同じことだと思います。立派な家を建てると周囲の嫉妬を買います。

けれども、それを「ありがとうございます。みなさんのおかげです」と餅をまくことによって、無意識の嫉妬心を浄化できるという昔の人たちの知恵なのでしょう。

僕も、**良いことが起こったら、タダで奉仕することをルール化**しています。つまり、社会貢献です。

花が開いたということは、もう、開花すべき良き種はありません。またゼロから次の徳を積まなくてはなりません。つまり種まきです。

だから、良いことが起きたら、間髪入れずに社会貢献。いい気になっていると、いい時期は長く続かないよと思っています。

ありがとう〜

実は、僕自身、20代の頃にスケープゴートにされたことがあります。仲間から「拓のことを悪く言っている人がいるよ」と忠告されたのですが、そのときの僕は、聞く耳を持っていませんでした。

その悪口自体も身に覚えがなかったので、全然気にしていませんでした。ところが、あっという間にいろんな話が拡散され、気づいたときには僕は業界から干されていました。

集団意識のエネルギーほど怖いものはない。 あれは、今思い出しても恐ろしい経験でした。僕の周りから、どんどん人がいなくなっていきました。

当時の自分はどこにでもいける虹色の羽根を持っていると思っていました。でも、そのレインボーの羽根を一気にもぎ取られる経験をして、僕は考え方を変えました。

良いことはずっとは続きません。その良いことを少しでも長続きさせるように、謙虚な気持ちで社会貢献。悪いことをなるべく早く終わらせるために社会貢献。

「すごいじゃん」

と言われたら、

「いえ、今、たまたまいい運気がきていると思うんですよね」

と、謙虚に答える。

それが、なるべく長く良い運気をとどめておく秘訣だと思っています。徳のクレジットを使ったときは、次の徳を積むタイミングなのです。

逆に、**悪いことが起こったときも、必要以上に落ち込まなくていい**と思います。

稲盛和夫さんが京セラを率いていた頃、想定外の事件が起こり、新聞や雑誌に「悪徳商法の京セラ」と書き立てられたことがありました。稲盛さんは、当時師事していた、京都にある円福《えんぷく》寺の西方擔雪《にしかたたんせつ》老師を訪ねたところ、次のようなことを言われ、ハッとさせられたそうです。

「前世か現世か知らないけれども、それは過去にあなたが積んできた業《ごう》が、今結果となって出てきたものです。たしかに今は災難に遭《あ》われ、たいへんかもしれません。しかし、あなたがつくった業が結果となって出てきたということは、その業が消えたことになります。業が消えたのだから、考えようによっては嬉しいことではありませんか。命がなくなるようなことがあれば困りますが、新聞雑誌に悪く書かれた程度で済むなら、嬉しいことではありませんか。むしろお祝いすべきです」（稲盛和夫『考え方』大和書房）

悪いことが起きたときは、その種（業）が終わったということかもしれません。逆に、良いことが起きたということは、また種を蒔いた方がいいのかもしれない。

稲盛さんのエピソードから、**ひとつのことに一喜一憂するのではなく、人生を長いスパンで見る視野を持つべきである**、と学びました。

人づき合いのコア 14

嫉妬するなら、憧れてしまおう。良いことが起きたら、社会貢献に励もう。

誰かと縁を切りたくなったら

CORE
CORE

人との関係を断ち切りたいとき

僕は、**可能な限り、人との縁は自分から切らない**ようにしています。

これは、20代の頃にすごくお世話になった税理士の先生から教わってから実践していることです。

なるほどと思ったので、それが良いのか悪いのかわからないけど、いったん正しいということにして取り入れてみました。

どうしても人と縁を切らなければならなくなったときは、**一度その相手に次のような説明をしたこともあります**。そのときは、

「それをされてしまうと、僕はもう君とつき合えなくなってしまうけれど、それでも大丈夫？　僕はそれを避けたいと思っているのだけれど、どうだろう」

という聞き方をしました。

一度、ボールを相手に渡して、相手に選択を委ねます。そこで相手がやっぱり、その手段を取るとなったときは、それは仕方のないことだと諦める。

もちろん、そういう話し合いができないまま、突発的に縁が切れることもあります。でも、できるだけ、自分から縁は切らないようにしたい。

それは、縁が巡り巡るものだと思っているからです。


東京に引っ越してきたとき、僕は、「東京って、なんて素晴らしい場所なんだ」と思いました。いろんな芸能人がいるし、出版社のお偉い方にも会えてしまう。ここはパラダイスかと思っていました。

最初は面白くて、誘われるままにいろんな人と会っていたのですが、2か月目くらいに突然、「これは気をつけないとヤバい!」と思ったのです。

というのも、**みんな繋がっているんですよね。**

「拓巳くん、この間、○○と会ったんだって?」

なんて聞かれて、

「えっ、どうして知ってるんだろう」

と疑問に思ったときに、気づきました。

そうか、みんな知り合い同士なんだと。


これは気をつけないとダメだ。一人ひとりとの関係を丁寧に築いていかないと、**どこかで気を抜いたら、すぐに悪い噂になる**と思ったのです。これは、不義理をしてはならんと。

ちょうどそのとき、作家の田口ランディさんが『ぐるぐる日記』という本を書いていらした。みんな繋がっているという日記です。それもあって、世の中は実は小さいものだということに気づきました。


そういう経験もあって、僕は縁を大切にする。そして、なるべく自分から縁を切らないように心がけています。

もうひとつ。

もし「許せない」と思う人がいるのであれば**「許せる距離まで離れる」という選択肢も考えて**みてください。前に話したように、嫌なところが見えるというのは、距離が近すぎることが原因です。

そして、**相手にイラッとするときは、往々にして相手に対する依存心がある**ときでもあります。「ここを直してほしいのに」と思うのは、そこまで執着するほど、自分が相手に依存しているのかもしれないということを疑ってみましょう。

人づき合いは、ゼロか１００かの二択ではありません。その間の、20や50や70くらいの距離感が心地よいこともあります。

もし、人と縁を切りたいと思うくらい悩んだら、その距離感を変えてみるのもひとつの手です。

熊と同じで、相手の目を見ながらゆっくり距離をとる。後ろを向いて走って逃げるのが一番危ないんだそうです。

人づき合いも同じ。離れるのであれば、相手をよーく見ながら、笑顔で少しずつ下がるのが良いですよ。

さらにもうひとつ。

自分の心を守るためには、**複数のコミュニティに属することをお勧めします。**

ひとつのコミュニティにだけ身を置いていると、そこでの評価が人生全体での評価と受け止めてしまいます。

複数のコミュニティに属し、複数の評価があると、**あなたの中の多面性を知ることができる**のも面白いですね。

結果として、自分の心を守ることができます。

心に余裕が生まれることで、適切な距離を取ることができたり、誰かに声をかけることができるようになるのです。

また、異性との距離感についての質問をたびたび受けることがあります。

「彼氏や彼女になりたいと思う前に、**親友になろうとしなさい**」
とDJあおいさんが言っていました。素晴らしいアドバイスだと思います。

親友とはなにか？
自分にとっての親友は誰か？
普通の友達との違いはなにか？

と、親友という言葉の定義づけが重要になってきますね。
これもまた、人生の中で深く挑むべきテーマのひとつと考えられます。

人づき合いのコア
15

縁を断ち切るよりも、徐々に距離をとろう。複数のコミュニティに入って、自分の心を守ろう。

打つ手
打つ手が
外れ始めたら

CORE CORE

良いときも、悪いときも、長くは続かない

僕の友達で、最近、『自分をよろこばせる習慣』という本を上梓された田中克成さんから聞いた、世にも怖〜い物語です。

あるとき、打つ手打つ手が外れていくようになってあたふたするのだけれど、まったく前に進まなくなるような時期がある。そうすると、さらにいろんな手を打つのだけれど、どれもこれもうまくいかなくて、**最終的に奥の手を使うしかなくなる。**

奥の手というのは、たとえば誰かに詫びを入れるとか、親に頭を下げるとか、上司に泣きつくとか。要するに、できれば避けたいことをしなくてはならないから奥の手なんですが、それしか方法がなくなるので、最後に泣く泣くその手を打つことになります。

そういうときは、心も落ちています。絶望感を感じます。

悲しみのどん底で、そもそも自分はどういう風に生きていきたかったんだろうと、**原点回帰するチャンスを僕たちは得るのです。**

そうすると、突然、蜘蛛の糸が下りてくるように、一筋の光が見えてきて、アドバイスしてくれる人が出てきます。自分は、藁をもつかむ思いでそれにすがりつきます。

藁にすがるくらいですから、そのときの自分はまっさらで素直な気持ちになっています。そういう**真っ直ぐで、素直な気持ちのときは、物事がうまくいきます。**

そして、「大変なときに救ってくださってありがとうございます。教えていただいて感謝しています」という素直な気持ちがかわいいから、アドバイスをしてくれた人も「じゃあ、次はこうするといいよ」「今度、俺の仲間にも会うといいよ」などと、さらにアドバイスをしてくれる。

そこで「かわいい舎弟のような存在なんだよね。みんなもちょっと、かわいがってくれないか」と言ってもらい、**いろんな人から声をかけてもらえる**ようになります。

これまでうまくいかなかったことが嘘のように、あちこちから「あれをやってほしい」「これもできる？」と、依頼がくるようになります。そうすると、やることなすことがうまくいき始めます。

そうこうしているうちに、**自分を救ってくれた人の言葉が気になってくる。**

「ちょっとこれやっといてくれ」と言われて、「あの件、終わりました」と報告したときに、「ありがとうな」としか言われないことが、少しずつ気になってくるのです。

「ありがとうな、だけかいな」と思うようになる。

そう感じ始めると、その人からの頼みがちょっとずつ面倒になってきたり、「なんだかやって当たり前と思われているよな」といった、スネた心が生まれ始めます。

さて、そのように、**お世話になった人との間に不協和音が生まれてくると、不思議なもので遠くの人から離れていきます。**なぜかこういうときは、遠くの人から

あっ…

離れていくのです。

反旗を翻していなくなっていった人のことも、最初はそれほど気になりません。「あんなやつ、どうでもいいねん。自分から離れたいんだったら、離れたらいいやんか」となる。

ところが、そんなこんなをしていると、打つ手がぽつ、ぽつっと外れ出すんです。そうすると、パラッ、パラッと自分の近くにいた要人にいたるまで離れ始めるのです。あれよあれよという間に、打つ手打つ手が外れ始める。

そして、**どうしようもなくなって、奥の手を使うようになる。**

結局、人の営みは、このスパイラルのくり返しらしいという話です。

とにかく、**うまくいっている時期は長く続かない。**

そして、**うまくいかない時期も長く続かない。**

この話を聞いたとき、怖い話だなと思いました。限りなく身に覚えがある。古傷が痛みました。

だから、僕は考えました。**どうやって、このスパイラルを断ち切ればいいか。**

おそらくこの話の中で、ポイントになるのは、いろいろさせてもらうことが当たり前になってきて、「もっと感謝されていいはずなのに」という驕りが出てきたときだと思うんです。

その驕りが急降下への始まりになっている。

だとしたら、**驕らないこと**が、このスパイラルを断ち切る、もしくはなるべく長く「うまくいっている時期」を引きのばす鍵ではないかと思いました。


自分でも経験があるのでわかるのですが、この急降下への始まりは、「風景がグレーに見え始める」という予兆があります。

先ほど、遠くの人から離れていくという話がありましたが、おそらく、そういう都合の悪い事実から目を逸らしたいから、景色がグレーに見えるのだと思います。

幸運も、不運も長くは続きません。特に時間的に長い「どっちでもない期間」をどう生きるか？　がとても大切だと直感的に知りました。

人づき合いのコア
16

逆境になると、救い主が現れる。有頂天になると人が離れる。人生はそのくり返しだから、一喜一憂しないこと。

第5章

人づき合い・仕事編

賛同者が生まれる人というのは、
普段から与える人であって、
「何かあったら、あなたに返したい」と思われている状態です。
「ねえ、こういう話があるんだけど、どう」って言ったら、
「わかった、わかった、それ、協力させてもらう」って言ってもらえる。
そういう関係性ができているってことなんだよね。

仕事の人間関係で壁にぶつかったら

「正しい」は正しくない

ちょっとイタい話から始めます。僕が20代のときのことです。

この頃の僕の仕事でのコミュニケーションは、人を論破しまくるというやり方でした。

当時の僕は、ある程度順調にいっているという評判をいただいていました。でも実態は、人が全然ついてこないし、メンバーの売上もあがらない。手取り足取り、正しいやり方を教えてあげているのに、どうしてみんなはその通りにしないんだ、と毎日イライラしていました。

そんなときに、先輩から言われたのが、

「拓巳くん、後輩が違った方向に向かって伸びているのだとしたら、それを正すのではなく、**そのまま大きくしてあげなさい。大きくなってから、太陽を当てれば、ちゃんとまっすぐになるから**」

というう言葉でした。

その言葉は、「最初に正しい方向に導かないと、人は育たない」と思っていた僕には衝撃でした。その先輩は、

「幼い芽を無理やり矯正しようとすると、もげちゃうよ」

と言うのです。

ゴルフを例に思い浮かべてみたら、たしかに、と納得がいきました。

「頭を動かしたらダメ」

「もうちょっと壁を作って」

「インパクトの瞬間に力を入れて」

と、**次々ダメ出しをされたら、ゴルフをすること自体が嫌になってしまいます。**

僕は、全員に、僕の正解を完璧にコピペしてもらおうと思っていました。ひとつわかったら、「次はここを直してほしい」と、次の正解を伝える。

そうすると、相手にとってみれば、常に否定されている気持ちになるでしょう。そんなリーダーに、人がついていきたいと思うわけはありません。

そのことを受け入れるのには、勇気がいりました。今までの自分の行動を「しくじり」と認めて、やり方を大きく変えなくてはいけないからです。

でも、「よし、わかった」と腹をくくりました。これまでしくじってきたことは間違いないけれど、ここで気づいたことは手柄だと思おう。ここがゼロだと思ってスタートしようと、何度も自分に言い聞かせました。

一度、自分の間違いを受け入れると決めたら、その後はラクになります。

受け入れるまでは体力を消耗するし、恐れもある、でも、受け入れることができたら、自分の取り組むべきことがはっきりして、やるべき課題に変わるからです。

僕は、ある日からあまりにも急に変化したので、「気持ち悪い」と言われたりしました。でも、「自分が間違っていた」とか「今日から人とのつき合い方を変えたい」と思ったら、**恥ずかしげもなく変えた方がいい**です。

なぜなら、人生はその後の時間の方が長いケースが多いから。スパッと変えて、そこから後の人生に時間をかけた方がいい。

学びのない勝ちに意味はありません。**負けの方に、人生の学びがある**のです。

僕が改心したときは、いろんな人に、いろんなことを言われました。

「お前、売上をあげるために、ゴマするようになったって言われてるよ」

と、仲間から言われたこともあります。

でもいいんです。そう言われるたび、

「そう、正解。俺ね、いい人になろうと決めたんだ」

と、テレながら言っていました。

「でも、これを3年続けると、みんなが『拓は、本当に変わったよね。いいやつになったよね』って言ってくれると思うんだ。だから、俺に3年ちょうだい」

と伝えていました。

そこまで言うと、みんなは「そりゃ、本気だな」と見守ってくれます。「うん、本気で変わろうと思う」と、僕は答えてきました。

そういえば、先日亡くなられた上岡龍太郎さんが引退されるときに、その名も『引退―嫌われ者の美学』（弟子 吉次郎との共著　青春出版社）という本を書かれました。その中に、

「朝令暮改という言葉は朝出された命令が夕方には変わってしまう全く見識のないことをいうたとえであるが、大いにけっこう。朝出した命令には情報量が不足していたから、ミスがあった。それに新たな情報を増やして夕方命令をあらためる。まことにけっこうである。」

という一節がありました。僕はもう、しびれました。

半日あったら人は成長して考えが変わるだろう。**朝と夜で同じことを言っている人は、成長が足りない**ということだと。これはすごい発想の転換ですよね。

リーダーをやっていると、

「拓巳さん、この前に言っていたことと、真反対のこと言っていますね」

と、よく指摘されます。でも、**時間が経てば考え方も変わる**よねと思っていたんです。上岡さんの本を読んでからは、その考えが肯定されたような気がして、嬉しくなりました。

今でも、自分が間違っていることを認めて、それまでの方針を変更しなくてはならないときがあります。でもそういうときは、上岡さんの言葉を思い出して、「これも成長」と、自分に言い聞かせるようにしています。

人づき合いの方法を変える難しさは、その変化を周りに気づかれることにあります。

みなさんも、「急にいい子になっちゃって」と言われるのは、恥ずかしいと思います。

でも、そのテレを超えていきましょう。**良くなるとは、ステキになっていく自分**

のテレとの戦いです。

これからの人生の方が長いのだから、と考えましょう。**これからの人生こそ、最新の人生なのです。**その人生を良きものにするためには、一日も早く、なりたい自分の姿を実践したほうがいいです。

人づき合いのコア
17

仕事のやり方も人づき合いも、どんどん変えていこう。周りの目はあまり気にしないこと。

リーダーを
目指すなら

熱いリーダーよりもあたたかいリーダー

リーダーからもらった言葉でもうひとつ、衝撃だったことがあります。

僕が、**誰もがスーパーリーダーと認め尊敬する人にお会いしたときの話です。**

それもやはり、20代の頃でした。僕は、その方に、

「僕の悪いところを教えてください。何を直したらいいでしょう?」

と聞きました。すると、その方は、

「ないよ」

と言うんです。

「えっ? 直したほうがいいところ、ないですか?」

と聞き返したら、

「うん、ない」

と。

自分が後輩に対してとっていた態度と、まったく違うと感じました。こういう方だからこそ、人がついていくのだと感じました。

「人は長所で役に立ち、短所で愛される」

という言葉を聞いたことがあります。**私が尊敬するその人は、短所を矯正しようとしない人**でした。

その方には、自分のビジネスが全然うまくいかなかったときにも相談させてもらいました。そのときも、その方は、

「おかしいなあ。**私には、お前が上玉にしか見えないん**だけども。どうしてうまくいってないのか、わからない」

と言うだけだったのです。もう、そう言われたら「ありがとうございます!」しかないですよね。

すごいリーダーというのは、何も言わないのだ。その人の良い部分を伸ばそう

とするのだと教えられました。

考えてみれば、同じチームメンバーでも、目的は人それぞれです。ラクに稼ぎたいと思っている人もいれば、大きな志を持っている人もいる。上司に気に入られたい人もいれば、なるべく早く家に帰りたい人もいる。

目的の違うメンバーが集まっているのですから、自分の物差しで押し付ける「正しさ」ほど、正しくないものはないわけです。

20代のときに、それに気づけたことが、僕にとってはとても大きな財産でした。

以前は、旗を持ってそれを振りかざし、「頑張っていこう!」と鼓舞する人がリーダーになっていたと思います。いわゆる、熱いリーダーです。

でも、**今、時代は「あたたかいリーダー」を求めています。**

自分が答えを出してあげるのではなく、**答えは相手の方にある。**それを寄り添う力で導き出してくれるリーダーが信頼されるリーダーです。

というのも、今の時代は、商品やサービスだけがコモディティ化（どれも似たようなものに見える）しているわけではありません。人間の人生そのものがコモディティ化してしまっている。

「何かが足りない」という欠乏感があるわけじゃなくて、心がぶよぶよになってる膨満感のほうが課題なのです。

だから、「必死に頑張れば、これが手に入るぞ」というリーダーシップはもう、響かない。それよりは、「寄り添ってくれる」リーダーシップが求められているわけです。

ところで、リーダーにふさわしい人物とは、どんな人でしょうか。

これはチベット密教の古い経典に書かれた教えですが、**「リーダーとは、その仕事を一番楽しんでいる人」**のことを言うのだそうです。

ともすれば、僕たちは、一番能力が高い人をリーダーだと思いがちです。でも、そうではなく、**能力の高い人をいかにまとめていくかがリーダーの腕の見せ所**なのです。そのために一番大切なことは、楽しむ力だということです。

また、リーダーシップとは、**「みなを善き場所にお連れする力」**であるとも書かれているそうです。

この「善き場所」は、人によって違いますから、全員が目指すことができる「善き場所」とは、理念やビジョンのようなものかもしれません。人としての「あり方」を指すかもしれません。

「目立ったらいいんだ」「今さえ良ければ」「金さえ儲かれば」「奴に負けなかったら良いのだ」とその人の価値観によって「善き場所」は変わってきます。

つまり、リーダーには2つの力が必要だということになります。

ひとつは、「みんなを善きところ」に連れていく力。

そして、「何を善きものだとするか」を考える力。

先ほど、先輩から「大きく伸ばしてから、まっすぐに導く」と教わったと言いました。けれども、「大きく伸ばす」のには時間がかかります。

当たり前のことですが、**人を育てたいと思ったら、長いつき合いをしなくてはな**

らないということになります。

僕も、ビジネスを始めた最初の頃は、一刻も早く成功してイチ抜けしようと思っていました。だからこそ、正解を教えてやろうという気持ちで人に接していたのです。

それが、**10年、20年かけないと人は育たない**ということがわかり始めて、これは10年単位の仕事なのだと腰が据わりました。

表面的な人づき合いをしていても、表面的な利益は上がります。でも、根本的に利益を上げ続けようと考えたら、根本的なおつき合いをしていかなければいけないということがわかってきたのです。

「採用のミスは教育では補えない」

という言葉があります。

人は根本的には変わらないという意味の諦めに近い言葉だと僕は解釈しています。

でもそれは、短期間で成果を求められる企業での話だと感じます。

こちらは、10年、20年のおつき合いをしようと思っている。**そのスパンで物事を考えれば、誰しも、良い方向に育っていく**のではないかと感じます。

僕のビジネスも、「すぐに刈り取ろう」ではなく、京都の商売のように、「ホンモノになる！」と決め、長い目で見ることができるようになってから、広がりが出たと思います。

人づき合いのコア 18

リーダーとは、仕事を一番楽しんでいる人で、長く続けられる人である。

人を伸ばすということ

CORE CORE

部下の器を広げるつき合い方

部下とのつき合い方で大事な要素は、モチベーション（やる気）からドリブン（熱中）に変わってきていると感じます。

言い換えると、「動機づけをしてやる気を引き出す」マネジメントの時代が終わり、**「本人の内側から生まれる衝動をエネルギーに変える」**時代になったのではないかと思います。

僕らが若い頃は、モチベーションがいっぱいあった。なぜなら貧乏だったから。

僕は高校生のときに下宿をしていたのだけれど、その下宿にはクーラーがありませんでした。実家にクーラーがついたのも、高校生のとき。クーラーがある部屋は、「クーラーの部屋」と呼ばれていました。そしてそのクーラーの部屋は同時に、テレビの部屋でもありました。

それくらい、物に不自由していたから、稼ぐ動機も頑張る動機もあったわけです。

僕は、片岡義男さんの小説に登場するような、クールな都会の世界に憧れて、「成功したら、いつかこんな生活をしたい」と思っていました。当時、若者たちのシンボルだった雑誌「POPEYE」を読んでアメリカにも憧れていました。

でも、今の人たちは、何でも手に入る時代に生きていて、人生そのものがコモディティ化している。先日、ホリエモンさんが「手取り14万円あれば、田舎に住んで、ゲームとNetflixがあったら十分幸せだよね」的な発言して炎上していましたが、あれは確かにそういう面もあるなと思わされました。

だから、**勝手に自分が熱中し、頑張ってしまうスイートスポットみたいなものが重要**になってくるのだと思います。

つまり、モチベーションよりも、**ドリブンの比率を高くしなくてはならない。**

ちょっと想像してみてください。

1を求めて1を手に入れている人。
10を求めて10を手に入れている人。
100を求めて100を手に入れている人。

これらは全部、通分（割り算）すると1です。つまり、満足度は同じです。

分母（求めている数値）が10の人に、世の中には15や20を手に入れている人がいるんだよと言っても「いや、10で十分です。自分、そこまで求めていないんで」となるでしょう。

分母が小さければ、いくら分子をたくさん詰め込んであげようとしても、10で十分満足ですとなるわけです。

だとしたら、僕たちがやらなくてはいけないことは、**分母を大きくしてあげること、人生に求めていることに影響を与えること**ではないでしょうか。昨日まで10分の10だった人が、おつき合いしていくうちに12分の10になったり、15分の10になってくると、欠乏感が生まれてくる。
その**欠乏感が生まれると初めて、自ら動ける力が湧いてくる**わけです。

そのためには、一人ひとりがどんな価値観のもとに生きているかを知る必要があります。「ポルシェに乗れたらすごくない？」では、人は動きません。

でも、「僕がポルシェに乗りたいのは、おふくろをこの車に乗せたかったからなんだよね。それはどうしてかというと……」という**ストーリーを伝えたら、そこには共感する部分もあるかもしれない。**

たとえば、学生時代、母親に、

「ポルシェって車は、カエルみたいな顔をしとるなあ。一度でいいから、あの車に乗ってみたいなあ」

と言われ、

「あんな高級車に乗れるのは、ほんのひと握りの成功した人だけなんよ」

と答えた記憶があるとします。そういう人にとっては、「親孝行＝乗りたいと言っていたポルシェに乗せてあげること」かもしれません。

そういう話であれば、人にも伝わります。

「僕も、ある程度成功したら、おふくろを幸せにしたいと思っています」という、**その人ならではのドリブンが生まれたとき、それが初めて分母が動く**瞬間だと思います。


その人が何を求めているのかは、一世を風靡したタカラトミーの玩具「黒ひげ危機一発」のようなもので、いろいろ刺してみないとわからない。

分母が10の部下に対して、「11という幸せもあるぞ」と言っても、刺さるとは限らない。でも、1番目では刺さらなかったとしても、7番目で刺さって「それは欲しい」となる場合もあるわけです。

その場合は**分母が大きくなるので、部下が自走できるきっかけになる**でしょう。

また、ついつい「お前は10で満足しているけれど、11求められる人間にならないとあかん」とやってしまいがちですが、これは、分母であるドリブンへのアプローチなしに、成果という分子を増やすように求めることになる。それでは相手を疲弊させてしまいます。

いたずらに表面をあぶって焦燥感を煽っても、中は生煮えです。

だから、**しっかり内側から炎を燃やせるようにしてあげるのが、リーダーの役割**になっていくでしょう。この話ひとつとっても、やはり、10年、20年の単位で関わっていかないと、本当の意味での部下の成長にはつながらないと感じます。

＊

僕たちの世代は、「物事を成し遂げるには努力が重要だ」と教えられてきました。

しかし、しかめっ面の努力を好まない今の時代、求められるのは「モチベーション」ではなく「ドリブン」です。

絞り出すやる気ではなく、湧き上がるやる気。我を忘れたり、時を忘れるほど没入しているゾーン、フローと呼ばれる現象が大事なのです。

「よろこぶ」という字には「喜」「悦」「歓」など複数ありますが、僕は、この「悦」という心の状態を大切にしています。

148ページで紹介した友達の田中克成さんから、「悦って生きていったら全部がうまくいった」と教えてもらいました。「悦って生きる」には、湧き上がるやる気が伴うでしょうから、外側から強制されたものでないぶん、自分自身の感情を信じること、つまり、「自分へのリスペクト」が必要だと思いました。

だから、悦って生きることを大切にしましょう。

悦っているとき、人は神様とつながっています。部下が自走できるドリブンを見つける手助けをし、悦っている状態で仕事に向き合えるようにすること。それが、これからのリーダーの役割です。

人づき合いのコア 19

相手の「やる気のスイッチ」を知り、自分で自分を燃やすようにサポートしていこう。

仲間との絆を強くするには

どんなときに人は離れていくのか

あれは21歳のときでした。ある女性に呼び出されました。場所はマンションの一室。部屋には品良く高級下着が展示され、若い僕は目のやり場に困りました。出された紅茶、そして、カップ&ソーサーにも高級感が漂っていました。

その部屋で、次のような話をされました。

「ねえ、拓巳くん。私はいろんな男を見てきたからわかるけれど、あなたはきっと成功するわよ。でも、**成功するのと成功し続けるのは違う**のを知っておいて」

と。そのとき、その方に言われたのは、外からの力でダメになる人はあまり見たことがない。そうではなくて、**外からの力で組織が揺らいだときに、中からのクーデターでだいたいみんなダメになっていく。**そんな話でした。

「拓巳くんが気をつけなくてはいけないのは、近くにいて気を許している人たちよ。**近くにいる人たちには甘えがあるでしょ？**　もう自分の味方だからと思って、新しい人にばかり意識がいくでしょ。これからはそれに気をつけないとダメよ」

と、言われたのです。

そのときは、これは神様からのメッセージか⁉　とは思いましたが、ピンときていなかったかもしれません。でも、その言葉はずっと僕の心の中に残っていました。

その方が言ったような事件が起きたのは、25歳のときでした。僕が「拓期」と呼んでいる前出した例の事件が起きました（136ページ参照）。**汗が乾くが如く、周囲から人がいなくなりました。**

あの人が言っていたのはこれだと直感しました。　クーデターは起きなかった。でも、あとほんの少しでクーデターが起きそうになっていたのかもしれません。

ギリギリで食い止められたのは、本当に身近な味方が反旗を翻さなかったからです。

もしそのとき、僕が彼らに「山﨑拓巳憎し」と思われていたら、いくらでも潰すことができたでしょう。

でも、そうはせず、みんなが僕を守ってくれた。

だから僕は、**首の皮一枚、つながったんだ**と思うようにしました。

よく、「2：6：2の法則」という言葉を聞きます。

人づき合いにおいても、「2＝自分の味方：6＝中間派：2＝自分の敵」などと言われることがあります。

でも僕は、年齢を増すごとにこの「2：6：2の法則」の数値を変えていきました。

では、どんな数値が当てはまるのかというと、「0・1：99・8：0・1の法則」。

つまり、**本当の味方も、本気の敵も、ほとんどいない。**

一番多いのは、その時々の流れによってどちらにつくかを決める、99・8％の人間だと思います。そして、**一番怖いのも、この流れによって動きを変える99・8％の人たちです。**

若いときからチヤホヤされていただけ、図に乗って勘違いをしていたところも多々あったと思います。僕には反省すべき点がたくさんありました。

でも、チヤホヤされながらも、頭の片隅に、その女性が助言してくれた言葉がずっとあった。だから、最後の最後で天狗にならず、この0・1％の仲間を大事にできていたのかもしれません。

それ以降、**僕を裏切らずに守ってくれた人たちを誰よりも大切にしよう**と思ってやっていきました。

仲間とだけやっていくという気持ちで、古くからの知り合いを極端なくらいに大切にしました。

あの時代があったからこそ、今の僕があったと思っています。

そして、間一髪、僕がこの業界で二度と仕事ができないような状態にならなかったのは、あの日の彼女の助言があったからだと感じています。

こういった**消化に数年かかる言葉は、人生の宝だ**と僕は思っています。そして、**それを伝えてくださる方たちは、恩人だ**と思っています。

＊

もうひとつ。若い頃に実績を積み上げて、チヤホヤされていた自分を間接的に嗜《たしな》めてくださった女性がいました。その方は、僕がお世話になっていたリーダーがおつき合いしている方でした。

あるとき、彼女と一緒に3人で出かけることがあって、出張先の駅に一緒に降りたことがありました。そのとき、お迎えの人が「お荷物をいただきます」と言って、僕のバッグを受け取ろうとしました。

僕は、当然のように「ありがとうございます」と、バッグを渡しました。

そのときです。その女性が、

「〇〇くん、荷物は自分で持ってね」

と、小さな声で彼氏にささやいたのです。

その声を聞いた僕は、顔から火が出るんじゃないかというくらい、恥ずかしい気持ちになりました。

僕は、いったい何を勘違いしていたのだろう。自分よりも年上のお迎えの人に、荷物を持ってもらって当然と思った自分は、どれだけ恥ずかしい人間なのか……。

それ以来、**僕はどんな場所でも、自分の荷物は自分で持つ**ようにしています。

今までの人生で何度も、「拓巳くんは若くておわかりになっていないと思うから、私みたいな立場から言わせてもらうけれど……」と前置きをされ、**自分の勘違いを正していただいたことがありました。とてもありがたいことです。**

今、振り返ると、このようなアドバイスをいただけたのは、僕が、なんでもかんでも素直に受け取る人間だったからかもしれないと感じます。

人からのアドバイスは、えてして耳に痛いことも多いでしょう。一瞬「えっ?」と不快な顔をしてしまうこともあるかもしれません。

でも、自分が逆の立場になったときを想像するとわかりますが、**そういう気配を感じると、人は「この人に何かを伝えたい」という気持ちを失ってしまう**と感じます。

ハッ
そうだったのか!!

ですから僕は、何かを指摘されたときには、

「ありがとうございます。メモさせていただいていいでしょうか」

と言うように意識してきました。

人が自分のために時間を割いてくれるということは、その人の命の時間をいただいていることと同じです。その時間を宝にするのも、無駄にしてしまうのも、自分自身なのかもしれません。

人づき合いのコア
20

本当の味方は思っているよりずっと少ない。すぐ近くにいる人を大切にしていこう。

ライバルが現れたら

ライバルに心を奪われない方法

ライバルがいると頑張れる人。

ライバルがいるからダメになってしまう人。


どちらのタイプもいると思うのですが、いずれも大事にしなくてはならないのは**「他人軸」を生きないということ**です。


前に、人間関係は鏡の法則だと言いました。

ライバルの鏡に映る自分ばかり気になったり、自分はその人をずっと気にしているのに、相手からは鏡に映してもらえないことに怒り狂ってしまったり。

そうなってしまうと、それは他人軸を生きていることになってしまいます。**ライ**

バルというゴーストに、心を奪われてしまっている状態です。

そうなったときの解消法がひとつあります。

「神様が出てきて、ライバルの人生と、あなたの人生を取り替えてあげると言ったら、取り替えてほしい?」

と自分に聞くのです。

おそらく、ほとんどの人は「取り替えたくない」と言うはずです。そう自覚できれば、**人は人、自分は自分というように、ちゃんと分離できるはず。**

この「人は人、自分は自分」をとても端的な言葉で教えてくれる、ドイツの心理学者、フレデリック・S・パールズという人が作った、「ゲシュタルトの祈り」を紹介します。

「わたしはわたしの人生を生き、あなたはあなたの人生を生きる。

わたしはあなたの期待にこたえるために生きているのではないし、

あなたもわたしの期待にこたえるために生きているのではない。

わたしはわたし。あなたはあなた。

もし縁があって、わたしたちが互いに出会えるならそれは素晴らしいことだ。

しかし出会えないのであれば、それも仕方のないことだ」


ライバルについて考えるときは、この言葉を胸に置きながら考えます。

ライバルに心を奪われるのではなく、**切磋琢磨し合える仲間としてのライバルとしてつき合う。**これがまず、大前提です。


僕は、ライバルを必要とするタイプです。己の心が弱いのがわかっているので、自分よりも頑張っているライバルを必要としているのです。

サボってしまったり、逃げてしまったり、負けてしまったりする自分がいる。でも、ライバルは諦めていないはずだ。もっと努力しているはずだと考えると、自分も頑張ることができるからです。

若かりし頃、**僕のライバルのひとりは北紺守彦さんでした。**北紺さんとは、21歳くらいのときからのおつき合いです。

当時の僕は所属業界における世界最年少記録を破り、鼻息荒くしていました。

しかし、多くの方々の視線は北紺さんに集まっている。容姿端麗、サーファー、センスがいい……。それに比べ僕は田舎から出てきた努力派。どうもパッとしなかったのです。

僕が諦めるときでも諦めないし、僕が達成できないものも達成するだろうと思える人。だから**僕は、北紺さんの写真をノートに貼っていました。**

ちょっとサボりたい気持ちが出てきたら、それを見て「絶対、この人は諦めてないはずや」と思って、もうひと頑張りする（笑）。

その北紺さんに負けたくなくて、必死に頑張っていたのだけれど、気づいたら追いつかれて横並びになっていました。

その達成祝いのとき、彼の記念イベントはものすごくド派手だったんですよね。花火は打ち上がるわ、鳩は飛ばすわ。僕の地味なイベントとは大違いでした。

そのとき、「お祝いに駆けつけた活躍中のみなさまは壇上に上がってください」という意味のアナウンスがあったのですが、僕は、そのまま顔を隠して会場を出て地下鉄の改札口に消えました。

地下鉄の中で、ずっと**「あの人はやった、僕はできなかった」と唱え続けて。これをエネルギーにして、絶対にまた前に進んでやる**と誓ったわけです。

ところが、僕がメラメラ闘志を燃やしているのに、当の北紺さんは、「俺、1年くらいハワイに行って自由にやろうと思ってんねん」とのこと。

そして僕に相談してきました。「みんなは、『今こそ頑張りどきだろう、いい気になって遊んだらダメだ』って言うんだけど、拓はどう思う?」と言うわけです。

僕は、心の中でにやりと笑って「ハワイ行ったほうがええと思うで」と答えました。北紺さんがいない1年の間に、水をあけてやろうと思っていたからです（笑）。

北紺さんは、「そんなふうに言ってくれるの、拓だけやわ」と言って、まんまとハワイに行きました（笑）。僕は、北紺さんがいない間に、２階級上げてやるぞと意気込みました。けれども、結果は、ひとつしか上げられず自分では納得がいかない状態でした。

そんなこんなで１年たったとき、あるレストランで友人とご飯を食べていたら、**真っ黒に日焼けしたハワイ帰りの北紺さんとバッタリ再会した**のです。

「１年間遊んだから、めっちゃ仕事したいねん」

と、エネルギー満タンの北紺さん。それに引き換え、こっちは頑張りすぎて疲れ果て、**夏なのに青白い顔のままの山﨑拓巳（笑）**。

「これから、めっちゃ頑張ろうと思うねん」

という北紺さんに、じゃあ、何かサインしてよと言ったら、

「拓のこと、抜くで！」と書いてくれました。

僕の心はてんやわんや！ もう、たまったもんじゃない（笑）。

ライバルは自分に火をつけ、怠け心を正してくれる

そんなこんなで、北紺さんとはしのぎを削りながら若い時代を過ごしました。時には一緒に旅にも出て、過ごしていたのですが、ヨーロッパをクルーズしている折に、彼に質問したことがあるんです。

すると彼は、クレバーで繊細なアドバイスを、レストランの紙ナプキンをひっくり返して書きながら説明してくれました。**見た目のワイルドさとは大きなギャップを感じる繊細さが妙に僕の心に突き刺さりました。**

どんなふうに組織づくりをしているのか、人をマネジメントしているのか、これがまた、ものすごく勉強になる。

そこで僕は、北紺さんに提案しました。

「ねえ、紺ちゃん。**月に一度、二人で質疑応答会しない?**」

張り合っていくのもいいけれど、**お互いにノウハウを開示しながら、やっていかないか**と相談したのです。すると北紺さんも「いいね、それ」と乗ってきてくれた。

それからですね。月に1時間だけと決めて、僕の家に来てもらって4、5年くらい。毎月二人で質疑応答会を続けました。

ある程度成功すると、仕事の話をするのはダサい、というような空気感があると思います。でも僕たちは、違った。会うたびに、「これはどうしてる?」「これはどう解決した?」と、ガチンコで質問責めです。

この勉強会をするようになってから、僕たち二人とも、飛躍的に業績が伸びていきました。後半は、お互いのチームでセミナーをすることもありました。

僕がいつもチームメンバーに言っていることでも、北紺さんが言うと、なぜか感動するみたいなんですよね。悔しいですけれど(笑)。

直属の先輩ではなく、こういった**ナナメの関係にあたる先輩の言葉の方が響きやすい**んだなということも学びました。たすきがけのような関係の方が、素直に話を聞けるのだとわかりました。

親の言うことは素直に聞けないけれど、他人様の話だとありがたく聞けることってありますもんね。

そして、それは逆も同じだったのかもしれません。北紺さんのチームで僕が話すと、みんなとても素直に受け取っていただけます。

こうやってタテの関係ではなく、ナナメの関係で仕事をやっていく効率の良さを更に知りました。やらせていただいた以上に、成果はブーメランのように返ってくる。

僕はこれを**「ボイスチェンジ」**と呼んでいます。

リーダーは、違うグループに貢献して、その違うグループのメンバーから話してもらえばいいと伝えています。

そんなふうに切磋琢磨しあってきた関係でしたが、先に、組織で最高レベルを達成したのは僕でした。

でも、その数年後、北紺さんが同じレベルを達成したときは、驚くほど泣いてしまって。もう、嬉しくて、嬉しくて。

ライバルでもあり、同志でもある。そんな存在に出会えたことは幸せだったなと感じます。僕にとっては、**自分に火をつけ、自分の怠け心を正してくれる。**

それがライバルの存在だと思うのです。

みなさんにも、

「この人と会うと、やる気になるなあ」

とか、

「この人と1年間ご一緒させてもらったら、自分は違う世界にワープできるかもしれない」

と思う人がいるかもしれません。そういう人と出会ったら、絶対に手放してはいけません。

「この人は、私にとってのパワースポットだ！」

そう思える人との時を重ねることで、あなたにも、その人の思考や行動がインストールされていきます。

人づき合いのコア
21

ライバルがいるほど幸せな人生はない。お互いの腹を見せ合う方がうまくいく。

チームの成長が頭打ちになったら

達成感は要注意。達成ではなく完成を目指す

達成は素晴らしい。

しかし、**達成感を感じたときは、要注意のとき**です。

達成感というのは、いわばコップがいっぱいになっちゃうということ。燃え尽き症候群とでもいうのでしょうか。達成して安心しきって、ぽかーんとしてしまう。伸び切ったゴムのようになってしまうのです。

そういうときは、何をやっても刺激を感じない。でもその瞬間にも、仲間は切磋琢磨しているわけだから、どんどん置いていかれてしまいます。

達成は旅で言うとマイルストーン（通過点）です。決してゴールではないのです。

なぜ、達成できたかを分析し、上手にできたことを仕組み化し、他にも活かせるものは活かしていく。また、なにが非効率で、なにが力不足なのかを見つけ出し、どんどん改善を加える。

グーグルでは、「うまくいったことでも、再現性のないことは評価しない」という人事評価の軸があるそうです。

一度は達成できたものを、何度も再現できるようにとやっていく努力は、達成とは違う質の努力を求められます。そこで出た仮説をまた検証していくために、チャレンジが存在します。

なので、**再現できない無鉄砲なチャンレンジは、本来は無意味です。**

しかしながら、ガムシャラにがんばるととんでもない結果が出ることもあります。

僕は、これを「ゴースト」と呼んでいます。一度、成功体験をしたら、どうしてもそれを模倣してくり返してしまう。

それがまぐれだったとしても、そのまぐれを追い求めてしまうんですよね。

たとえば、僕は昔、陸上で４００メートルハードルの選手でした。この競技では、ハードルとハードルの間を何歩で行くかという緻密な戦略があってこそ、タイムが縮まっていきます。

でも、あるとき、何も考えずにガムシャラで無我夢中、全力で走ったら、たまたま奇跡的にとんでもない記録が出ることもあるわけです。

でも、そこで記録が出てしまったら最後、その人はずっとゴーストに悩ませられることになります。

ちゃんと計画を立てて、それに向けて練習を積み上げてやらなくてはいけない競技なのに、**一度ゴーストに取り憑《つ》かれてしまうと、再現性のない奇跡に頼る**ようになってしまう。

ＴｉｋＴｏｋも同じです。１本目がたまたまバズって20万回再生されちゃったとなると、延々ゴーストに悩まされることになる（笑）。

うちの弟は、演歌歌手です。彼が言っていたのは、「アマチュアにも、調子いいときは劇的にうまく歌える日がある。でも、**プロは調子悪くても、あるアベレージに必ず達している**」という言葉でした。

いつ歌ってくださいと言われても、ある程度の歌が歌えるというのがプロなのだそうです。

だからこそ、達成感は危ない。

＊

とは言え、何かを成し遂げて「おめでとう！」「ありがとう！」が何度も交錯する場には、えも言われぬ磁場が生まれて喜びの渦に巻き込まれます。

そんな浮き足だった至福の時間に「ダメダメ。この達成感に浸るのは危険」と、自分に言い聞かせるのは至難の技です。

そういうときに僕は、「達成はひとつの通過点、マイルストーンだと思って、**次は**

完成を目指そう」と話します。

達成というのは、ピークを指します。

でも、**完成は、それがボトムの状態になることを指します。**

先ほどのハードル競技で言えば、一度まぐれでベスト記録が出たというのが「達成」。その記録がボトムになり、常にその記録で走れる基準値となったら、それは「完成」です。

「達成をしたら、次は完成を目指そう」

これは、僕が組織の中で、くり返しくり返し伝えてきたことです。

では実際に、達成を完成に変えていくにはどうすればよいか。

たとえば、達成感に酔っているときは、どんなに刺激的な場所に行っても、自分の心が動きません。興奮するようなセミナーを聞いたとしても、心が躍らず、人にそれを話したいという気持ちにもならない。

こういう危険信号を察知したら、僕は、人の話のすべてをメモするようにします。

人は、たいてい、いいなと思った話だけメモをすると思います。

でもそれをやめて、全部をメモするようにするのです。そして家に帰ったら、それをちゃんとまとめる。自分が同じセミナーができるくらいまで、起承転結、プロット分けをして、インストールする。

そういうことをすると、ぶよぶよになっている自分でも、ちゃんと吸収する力を取り戻していきます。

すると、次に誰かに会ったときに、「ねえねえ聞いて、この間、面白いセミナーを受けたんだよ」と話せるようになる。要は、伝えたいエネルギーが出てくるわけです。

伝えたいことがある人は、それが溢れ、オーラとなって人を魅了し始めます。

そうなってくると、達成から完成への道に進むことができるのです。

達成したら、次は完成。
僕も、常に自分に言い聞かせています。

人づき合いのコア
22

達成感はワナにもなる。一段階上げて完成を目指そう。

目上の人の力を借りるには

目上の人とのつき合い方。魂のしっぽを振る

人が劇的に伸びるときは、上の人に引き上げられるときです。

そして、**問題が起きるときもやはり、上の人が怒っているとき**でしょう。自分と横並びの人が怒っているときは、それほど問題にはならない。でも目上の人を怒らせてしまったときは、大事《おおごと》に発展することが多いと感じます。

僕には、ハタチの頃からご一緒させていただいている10歳年上の川口忠大さんという先輩がいます。その方と対談をさせてもらう機会がありました。

そのとき、会場から質問が出たんです。その先輩に対して、

「拓巳さんが20代の頃から結果を出してきたのは、どうしてだと思いますか」

という質問でした。するとその先輩は、

「とにかくこの子は、よく学んだんですよね」

と言ってくれました。それに関しては、僕も自負があったので、

「うんうん、そうですよね。僕はよく学んでいましたよね」

と思って聞いていたんです。そして、

「もうひとつは、かわいかったんだよね」

と、付け足してくれたのです。

それを聞いて、僕、ドキっとしたんです。我が身を振り返って**「最近の僕は、ひょっとしたらかわいくないいんじゃないか」**と思って、心が痛くなったのです。そして、「今の自分は、他の人から見てかわいい存在だろうか」という目で、自分を見つめ直すきっかけになりました。

かわいさというのは、目上の人とつき合うときに、絶対必要な条件だと思います。これは、対同級生や後輩に対しても大事なのだけれど、とくに先輩とつき合うときは大事です。

このかわいさがあるかどうかで、年上の人に引き上げてもらえるかどうかが決まるのではないかと思うほどです。

かわいさというのは、たとえば、真面目なのにシャツが出てるとか、仕事はきっちりしているのに寝癖がついているとか、そういった天然系のチャーミングさもあるのですが、自分で努力して演出するかわいさもあると思っています。

僕の場合、目上の人と話をするときは、とにかく**好奇心全開で魂のしっぽを振る**ことを意識しています。

これは、おべんちゃらを言うのとは違います。「あなたのことに興味があります」という気持ちを全開にするのです。

魂のしっぽなんて、抽象的すぎるという人は、**目が笑っているかどうか**をイメージしてください。たとえマスクをしていたとしても、目が笑っているかどうかはわかりますよね。自分の目の玉が笑っているかどうか。それをチェックポイントにしてみましょう。

前に、初対面の人に対して信頼貯金を貯める一番の方法は、相手に関心を持つことだと言いました。

これは、目上の人に対しても同様です。**とことん全力で話を聞く。そして質問をする。**その態度が「かわいい」と思われることにつながるのではないかと思います。

自分が若いときは、何を聞いても初めてのことばかりだから、意識しなくてもそれができます。だから先輩も「かわいかった」と言ってくれたのでしょう。

けれども、年齢を重ねるにつれ、だんだん「それは知っている」「それも聞いたことがある」という態度がにじみ出てしまいがちです。

そうなったら最後、先輩はもう、「かわいいやつだ」とは思ってくれないはずです。

先輩との対談は、僕に、若かった頃は自然とできていた人づき合いの基本を思い出させてくれました。

さて、かわいいと思われる存在になるためには、魂のしっぽを振るという話をしました。ただ、大事なのは、**無理をして相手の心に割り込もうとしない**ことです。

以前、たまたまパーティーで、とても偉い方が来られて、僕に、「山﨑君、いつも見ていますよ」と声をかけてくださったんです。

そのとき、僕は精一杯の笑顔で名刺を渡したのですが、その瞬間にお知り合いの方がいらして「おお、久しぶり」と声をかけられたのです。僕はそのとき、ぱっと身をひいて、壁際に下がりました。

そのときの様子を見ていた編集者さんが、

「面白いもの見ちゃったなー。ああいうとき、山﨑拓巳は、ぐいぐい行かないんですね」

と言うわけです。

たしかに、僕はそういうときに、無理に会話に入り込もうと思わないんですよね。そういった割り込み方をしたとしても、目上の方に気に入られることはないと思うのです。

もしも、**その人とのご縁があるのだとしたら、またいつか巡ってくる**と思っている。そして、もっと良い形で、出会えるに決まっていると考えます。

これは目上の人とのつき合いに限らないのですが、**人間関係は、ガツガツしたら**

ダメだと思っています。好きだ好きだと言い続けると、嫌われてしまう。

これを僕は、「人づき合いのレンツの法則」と呼んでいます。

レンツの法則、覚えていますか。コイルを磁石に近づけたり、逆に磁石から遠ざけたりすると、磁場が変化して電流が流れる、アレです。

磁石が近づいてくると反発し、遠ざかると引き付けるので、別名「ツンデレの法則」とも呼ばれる法則です。

人間関係も似たところがあります。**好きだ好きだと近づきすぎると、相手が避けていってしまう。**だからこそ、若いうちに失恋しておくのは大事です（笑）。

レンツの法則を学べるからです。

人づき合いのコア 23

目上の人の力を借りるには、「かわいい」と思ってもらうことが大事。

第6章

人づき合い・友人編

才能のある人の近く2メートル以内に入ると、
その人の記憶をもらうっていうんだよね。
そして、才能も移り火のように
移っていくと思うんだよね。
時を重ねさせていただいて、移り火をいただいて、
学ぶよりインストールするほうが早いので。

親友のいない人生、いる人生

CORE CORE

「160キロで投げていいよ」と言われて

20代のときに、正しいことを伝えるだけがコミュニケーションの正解ではないことを知り、自分自身を改造したことはお話ししました。

その結果、**僕は、いろんな人間関係において臆病になっていました。**

いつしかその臆病も板につき、パターン化され、自分では不都合なくやっているつもりでした。

心の中でいろんなことを思っていても、それは封印する。見えているけれど、見えていないフリをしようとしていました。**自分自身が思ったことを等身大で言語化するのをやめた**のです。

そんなときに出会ったのが、長友清さん。僕が22歳くらい、彼が30歳のときだったと思います。

長友さんは、8つ年上。僕には生まれてすぐに死んだ兄がいるのですが、もし生きていれば兄貴と一緒くらいの人だなと思ったのを覚えています。

長友さんは、とにかく、ありえないほどカッコいい人だった。こんな人、実在するの？　というくらい。仕事のイベントで一緒になったのですが、ダンディなヒゲをたくわえて、映画の中から出てきたような人だったのです。

見た目は映画『レオン』のジャン・レノのような雰囲気でした。言葉少なで、雰囲気があり、彼特有の世界観がありました。**長友さんにかかったら、脱いだスリッパですらカッコいい**という（笑）。

そんな人と、その後30年もずっとご一緒する親友になるとは、そのときは思ってもいませんでした。

僕は、はたからは親友と見える人にも心を全開にすることなく、本当に思っていることはそのまま話すこともなく、加工して表現するようにしていました。

これまで何度も書いてきているように、人間関係は近づきすぎると相手の悪いところが見えてくるからです。

仲良くなりすぎると、「ここが違う、あれが違う」と思ってしまう。そうすると、大切な相手だったのに、いつかは別れることになってしまいます。**それが怖くて、深い人間関係をあえて作ってこなかった**のだと思います。

だから、「勉強するときは、あの人と」「ナンパに行くときはあいつと」「陸上の話をするときはこいつと」と、相手を変えてきた。自分のすべてをぶつけて話せる相手はいないと思ったからです。


長友さんと過ごす時間は学びの連続でした。買い物ひとつとっても、学ぶことばかりでした。田舎育ちで冴えない僕は、どうやったら長友さんのようなオシャレでセンスの良い格好ができるのかが知りたかった。なので、「服を買いに行くときに連れて行ってくださいよ」と頼んだのです。

長友さんは、「いつも同じ店、同じ店員に接客してもらうといいよ」と教えてくれました。そうすると、店員がワードローブを覚えてくれるから。「この前買ったシャツに、このパンツが合いますよ」とアドバイスをしてくれるというわけです。

そんなふうに、**20代になったばかりの僕は、長友さんに、服の買い方から、異性との距離感から、お酒の頼み方、飲み方まで**教えてもらいました。

大学に入学したら、すごく尊敬できる先輩に出会って、いろんな場所に連れて行ってもらった。そんな感覚だったと思います。

出会って3回目くらいの頃かな。僕が仕事のことで、

「実は、僕には、あの人たちがこんなふうに見えている。本当はこんなふうにやりたいのだけれど、それをやると『拓はやっぱり違うよね』で終わっちゃうから、ちょっと**わかってないフリ**をしているんだ」

と、普段は口に出さないことを長友さんに言ったことがあります。

長友さんは、

「ああ、そうか。お前にはそういうのが見えるんだな」

と、言ってくれました。そして、

「お前、160キロのストレートが投げられるのに、120キロ台のスライダーでごまかしてきたんだろ」

と言ってくれたのです。

「俺、大丈夫だよ。160キロで投げてこい」

「えっ、マジ？　本当にいいの？」

と、なりました。そして、その夜、ひと晩語り合ったんです。

それから、**この人は、唯一、自分の腹の内を語れる相手になりました。**なにかにつけて、一緒の時間を過ごしたと思います。

人づき合いのコア
24
普段は口にしない本音を理解してもらえたら、親友への道がひらけるかもしれない。

人生観が変わる経験を共有する幸せ

親友と一緒に学んだ「善き人生」の過ごし方

当時の僕は、ホテルに泊まるとき、一番リーズナブルな部屋をとっていました。でも、長友さんは気に入った部屋をとります。「うーん、同じホテルでも、スーペリアにすると、高いんだなあ」ということも長友さんから学びました。

そんなある日、**僕たちは仕事を兼ねてプーケットに行きました。**

旅の途中、長友さんから「プーケットにアマンリゾーツのホテル『アマンプリ』があるから、午後、そこでお茶をしよう！」とお誘いを受け、**僕は初めてアマンプリを知ります。**

20代半ばの無知な僕が、新しい扉を開ける瞬間がやって来ました。

高級ホテルだから、僕らはきらびやかなパチンコ屋のようなイメージをしているわけです。でも、実際にアマンプリを見て「神社みたいだね」とびっくりします。何もかもがシンプルに洗練されている。

カフェでお茶しながら、僕は抑えきれない興奮を感じました。「なんなんだ、このホテルは？　こんなものがあるのか？」と。そして、「長友さん、勉強のために一泊だけ泊まろうよ」と提案しました。

「せっかくだから、一番いい部屋に泊まろうよ。一泊だけでいいから」

と僕。

「二番目でいいやろう」

と長友さん。

「この一泊が人生を変えるかもしれないんだよ」

と、やんややんや。

やっと心を決め、フロントに行くと、一番高い部屋は誰かが泊まっていて、二番目の部屋しか空いてなかったのです。僕たちは、その二番目の部屋を予約し、「明日泊まりにきます」と元気に伝え、その日は帰りました。

すると、**翌日、僕らが泊まっている宿に、立派なワゴンが迎えに来ました。**

車の中にはクラシック音楽が流れているわ、運転手はパリッと真っ白の生地に金のボタンの制服の人だわ。「なにこれ、映画の中みたい」と盛り上がりながらフロントに着いたら、昨日僕らの漫才みたいな話を聞いていたフロントの女性が、もう着いた瞬間に笑いながら出てきてくれたんです。そして、

「You're so lucky guys.」

と言うじゃないですか。

「Ｗｈｙ?」

と聞いたら、

「あなたたちの話をオーナーにしたのよ。面白い二人組が来ましたって。そうしたら、

二番目の部屋と同じ値段でいいから、普段は泊まらせないオーナーズルームを彼らに譲ってやれ」

って。もう、大興奮です。

たぶん、一泊100万円以上するオーナーズルームを、二番目の部屋の価格で。もう、なにもかもが、すごかったです。リビングルーム40畳。ベッドルームは30畳だったかな。プライベートプールがあるんだけど、それが競泳用のプールぐらいの広さがあって。

どこもかしこもブラックタイルだから、鏡面になるんですよね。そのブラックタイルにヤシの木が映り込んで、神社みたいなんですよ。

部屋に入ったときは、澄ましていたんだけれど、案内の人がいなくなってから、**「ちょっと、ちょっと、やばくないこれ！」**

と、大はしゃぎしました。

二人でめちゃくちゃテンション上がっていると、玄関がピンポーンと鳴ります。ウエルカムシャンパンだと言います。

ここで、僕たちは乾杯するんですが、栓をポンと抜いた後、僕は、

「これは、めちゃくちゃ大事な乾杯だよ。人生が変わる乾杯だよ。よし、プールサイドに行って乾杯しよう」

なんて言ってプールサイドに行ったら、何もなかったはずのデッキのベッドにタオルが敷いてあるんです。

「ひぃいいいい！　長友さん、この部屋誰かいるーーー！」

と、大騒ぎしました。それまで、執事がいるような部屋なんて、泊まったことがなかったからですね。もう、びっくりしました。

そうやって見たことのないものを見て、**人生観が組み替わるような経験をした**

僕らは、

「ちょっと待って。人生観が変わらない旅だったら、何度行っても意味がないよね。

それより、**年に一度でいいから、このクラスのインパクトのある心の動きを作らないとだめ**なんじゃない？」

と、言って。それから僕ら二人、夜中ずっと無言で、あとどれぐらい仕事を拡大したら、こういうホテルに年に一回泊まれるのかを計算しました（笑）。

「僕、これぐらい頑張ったら来れそうだよ」

と計算し、そのためには何をすればいいのか、ずっと考えていました。

長友さんと、**「本当の善き人生とは何なのか」**について、もう、とことん話し合いました。この経験のあと、長友さんともうひとりの仲間、松井ちゃんと3人で、同じマンションに住むことになります。

人づき合いのコア 25

親友を信頼して自分を解き放つと、新しい扉が次々に開く。

脳みそを全開にする会話ができた

「お前は偉いなー」という言葉に支えられて

長友さんと一緒に住んだマンションは、安藤忠雄さんが設計した六甲の集合住宅だったのですが、当時の安藤建築の代表作になっていて。

だから、世界中のどの美術館に行っても、**自分たちの住んでいるマンションが、美術館のスーベニアショップ（土産物店）にある写真集に載っている**わけです。

これって**セルフイメージ上がります**よね。

美術館に行っては、「ねえ、ねえ、ねえ、僕、この部屋に住んでるんだけど」と海外の友達に伝えるわけです。友達もびっくりですよね。

「お前たち、超クレイジーライフじゃねえかよ」みたいに言われながら。

その延長線上で、ル・コルビュジエという建築家を知ります。「次の旅のテーマ

は ル・コルビュジエで行ってくるわ」と言って、ル・コルビュジエ縛りでパリを回ってみて、ル・コルビュジエの何が凄いのかを研究したり。

「すごくいいカフェ見つけたよ」と長友さんが言ったら、わざわざ出かけて行って「なんであの店がいいと思ったの?」と、もう延々すり合わせしたり。

パリで初めてオープンカフェを見たときは、「どうしてあれが日本でできないんだろう」と議論したりもしました。「蚊がいるからだよ」とか「えっ? 蚊に負けてるの、日本?」「モンスーン気候だからだよ」なんて感じで。

「でも、いつか流行りそうだよね」と言っていたら、数年後、代官山にリストランテASOができた。「ほら、やっぱり僕たちの感覚は合ってたんだよね!」と歓喜と落胆の声(笑)。

かっこいいねとか、きゃー素敵、とかだけではなく、**「こうしたら、もっとよくなるんじゃないか」**と、よく議論をしていました。

もちろん、ビジネスについても、いろんな話をしました。

長友さんと話をすると、いつも脳みそが全開になるのです。

そこで「ビジョンとは何か」とか「人を笑顔にするとは何か」「僕たちが仕事をする意味は?」「存在する意味は?」とか、ずいぶんいろんなテーマについて話をしました。

ニューヨークで個展やったときは、長友さんにキュレーターをお願いしました。

「キュレーターって何?」

と聞く長友さんに、

「うーん、個展のサポートをする仕事かな」

なんて言って、なんでも「これはキュレーター仕事」と言って仕事を押し付けたら、

「お前、最低だな」って笑われました。

長友さんには、たくさんのことを教えてもらいました。彼は、「拓は、心が速すぎる」と言うのです。要は「お前といるとせわしない」と。

もっとゆっくり、ゆっくり。もうちょい深く息を吸ってみな。もっともっと深ーく。

そんなことも教わりました。

2年ぐらい経ったとき、長友さんがふと、

「拓、お前成長したな。逆に拓といると心がゆっくりになりだしたわ」

と言ってくれたんです。そして、

「すごいなぁ。お前は早いなぁ、学ぶのが」

と付け加えてくれました。

僕は、「これいいで。聴いてみぃ」と長友さんに言われて音楽を聴く。そのアーティストから派生し、他の曲も、他のアーティストも聴きたくてぶわーっとCD買って、聴いて聴いて聴いて聴いて。

それでまた長友さんに会って、ということをくり返してきたのです。長友さんは、

「えっ、もうそこまでわかってんの。早いなお前は」

と、いつも褒めてくれました。

「お前が仕事で成功してきた理由は、これやな。すごいすごい。偉いと思うで」

と、いつも褒めてくれるんです。

ものをよく知っている人。いつも本を読んでいて、無頼でクールで。そんな長友さんに褒めてもらえるのは、とても誇らしい気持ちになりました。

僕は、**センスがいい人と一緒にいると、そのセンスは〝うつる〟**と思っています。陸上も同じなんです。強い人と一緒にいると強くなるんですよね。たぶん、それはその人の行動から、その人の過去の記憶まで吸収しているのだと思います。

長友さんは、スタイルを持っている人でした。達観していると言うのかな。「俺はそういうのは好きじゃない」とか、「俺はそこまでして金持ちになりたいと思わない」とか。その線引きがはっきりしている人でした。

僕は、何に対しても線を持たない人間だったので、無理やり長友さんを連れ出したこともありましたけれど、そこでまた違う友達に会うことは、彼にとっても楽しい経験だったのではないかと思います。

僕が学んだことも多かったけれど、**長友さんにとっても、僕がいなかったら、絶**

対にやらないことを一緒にできたのではないかな。


これまで、中学校に行ったら友達ができるかもしれない。

高校に行ったらできるかもしれない。

大学に行ったらできるかもしれない。

そう思ってきたけれど、いないじゃん。本当の意味の親友なんて、できないんじゃないかと思っていたけれど、社会に出たら、出会えました。

一生懸命生きると、一生出会えないと思っていた友と出会えました。


長友清というのは、2016年に亡くなるその日まで、僕にとって唯一の人でした。

人づき合いのコア 26

センスとは、人を介してうつるもの。

未知なる友達と出会うには

エフィカシーが上がる友達づき合いを

僕が長友さんに出会えたように、**誰もが魂を磨きあえる親友に出会えるかというたら、それはわかりません。**ひょっとしたら、一生出会えない可能性もあると感じます。

でもその一方で、今、ネットの世界がすごいと思うのは、**同じように考えている世界観の近い人と出会える**ようになったということ。

自分は何が好きで、何が嫌いで、何を恥と思って、何が誇りと思うのか。それを表現していくと、「私も同じ！」という人が出てくる時代ですよね。

発信すればするほど、情報も人も集まってくる。すごい時代になったと感じます。

先日、アメリカでは「運」についての分析がかなり進んでいるというツイートを見ました。そこに書かれていたのは、**「自分のことを好きな人と一緒にいなさい」**ということでした。

それ、たしかに重要なことだなと思います。これからの時代は、自分のことを好きな人と一緒にいるべきだと思うんですよね。

それはなぜかというと、**エフィカシー（自己効力感）が上がるからだ**と思います。自分を肯定してくれる人と一緒にいることで、エフィカシーが上がり、自分が感じる日々の喜びが増幅されていくのでしょう。

今は、「自分はこれが好き」と発信すれば、それがどんなにニッチな好きであっても、ネット上に仲間を見つけることができる時代です。自分と考えがそっくりの人にも出会えるかもしれません。

最初から自分の世界を閉じてしまうのはもったいないけれど、自分と意見が合う人との時間を大事にするのも、人生を豊かにするひとつの方法です。

東京・中野にサブカルの聖地〝中野ブロードウェイ〟という施設がありますが、自分と意見の合うニッチな仲間を見つけるのは、ネット上に中野ブロードウェイを見つけるようなものです。

過ごしやすいスモールコミュニティを見つけるためにも、**自分が何に心が動くのかを発信**していってよいのではないでしょうか。

ただし、そのエフィカシーを高める相手を見つけるのにも、**まず大事なのは自立です**。他人軸ではなく自分軸で生きる。

「自立とは、家族以外に頼れる仲間を手に入れること」と言っている人がいました。自分の「大好き」を大切にし、ひとりで楽しめる。だからひとりで楽しめる人と出会える。

人生100年時代と言われて久しくなりました。

そんな長い人生、**ちょっとした自分の喜びに気づいてあげられないと、生き地獄です**。満足感のない時間を長く過ごさなくてはいけないわけなので。逆に、ちょっとした自分の違和感に気づけなくても、やはり生き地獄です。

今年就職する新社会人の方たちは、会社に勤めるとしたら、だいたい7回は転職するらしいです。

私たちは、ついつい「どんな仕事が稼げますか?」「どの道を進めば当たりますか?」と聞いてしまいがちだけれど、これからはそういう問い自体がナンセンスになる気がします。

これからは、**何を喜びとして、何を悲しみとするか。自分との会話が必要**になります。これができる人を、僕は「セルフリテラシーが高い人」と呼びます。

自分自身を幸せにするための答えは、他人は持っていません。だから、セルフリテラシーが高い人が、人生を謳歌できるというわけです。

今、自分の人生がうまくいっていないと思う人が、最初からネット上で何か楽しいものを見つけようと検索しても、なかなかうまくいかないかもしれません。

検索だけでは、自分が本当に楽しいと思えるものに出会える確率は低い。なぜなら、**ネット上には、セレンディピティ（偶然の出会い）が少ない**からです。

たとえばみなさんはいま、ツイッターやインスタグラムで、知り合いや好きな人をフォローしていると思います。ネット上のアルゴリズムは、今の自分が好きなものがより強く表示されるようになっています。

つまり、**自分の興味の範囲外にある世界が見えにくくなっている**わけです。サプライズで何かと出会う可能性が低い。それがネット上の世界です。

もし、今の人生がつまらないと思っているのに、今の自分の好みのものだけに囲まれていたら……。いつまでたっても人生は変わりません。

今となっては絶滅危惧種になりつつありますが、新聞や雑誌などは、自分の興味がない情報と出会える格好の場（ツール）でした。

書店もそうですね。Amazonで検索したときには出会えないかもしれない書籍と出会える場でもあります。

そういう場所で、**サプライズな出会いをすることで、長い人生を退屈せずに生きていくことができる**と思います。

そして「これだ！」と思うものに出会えたときこそ、ネットを活用して、エフィカシーを高め合える同志を見つけるのが良いと思います。

人づき合いのコア 27

自分との会話ができる人が、セレンディピティを手に入れる。

第7章

人づき合い・家族編

僕たちは、自分が望んでいるものを見ています。
もし、あなたのまわりに蝶々がいっぱいいるとしたら、
あなたは、花なんです。
自分が見たいものとは、
自分の心の奥底が望んでいるものだとしたら、
僕たちが変えるべきは、現実ではなく心の中です。

僕たちが
ここにいるのは
誰かのおかげ

「親ガチャ」というけれど、本当はガチャガチャ

最近「親ガチャ」という言葉をよく聞きます。でもあれ、ちょっとおかしいんですよね。

子どものほうが全員同じで、親だけがガチャされるのであれば、「親ガチャ」と言えるのですが、「親ガチャ」を引いている方の子どもサイドが全員違う人間ですよね。

だから、比べることはできない。言うならば、ガチャガチャです。

これはたしか実話だったと思うのですが、双子の兄弟がいました。その兄弟のお父さんは、飲んだくれで、DVも激しい人だったそうです。

でも、**双子のAさんは幸せな家庭を作って、Bさんは親と同じような飲んだくれになった。**

その二人に、

「どうして、そういう家庭になったのですか？」

と聞いたら、二人とも、

「あの親に育てられたからね」

と、答えたと言うのです。これ、いろんな示唆に富んだ話ですよね。

自分に起こっていることのすべてが、親のせいで決まるわけではないし、同じ親に育てられても全然違う人格が育つ。ということは、それだけ子どもの側の個性によるところも大きいということだと思います。

生まれてくる子どもによって全然、性格が違います。生まれたときにはすでに意思が宿っているのです。

ひとり目、二人目とまったく違う。すると、三人目は⁉　とハマってしまい、子だくさんになってしまう人の気持ちが理解できました。次はレアキャラが出てくるのでは、とワクワクしながら出産を待ってしまうものなのかもしれません。

さて。今、「自分は親ガチャに失敗した」と思う人がいたとしても、なんとかしていかなければならないわけです。

親ガチャも子ガチャも人間の歴史だけ続けられてきたわけで、**「人間の歴史＝ガチャ歴史」**なのです。

あなたのヘソの緒はお母さんのヘソの緒と繋がっていたし、お母さんのヘソの緒はおばあちゃんの、そして、そして……一本のヘソの緒のリレーだったんだ、と友達で映画監督をやっている入江富美子さん（以下、ふーちゃん）に教えてもらいました。

どうであれ、命を得たってことは圧倒的に丸儲けなお話ですね。

ふーちゃんが映画監督になったとき、

「映画監督になったわけだけど、どんな服着て、どんな話し方で話したらいいのかな〜」

と修養団伊勢青少年研修センターの中山靖雄先生（故人）に生前、質問したことがあると聞きました。

すると中山先生は、こうおっしゃったそうです。

「なぜ、迷うかわかりますか? **それはあなたがすべてを自分で成し得たと思うからです**」

と。その話をふーちゃんから聞いたとき、僕は泣いてしまいました。自分自身の驕りに気づいて。

「拓巳さん、今の衝撃を私も先生からいただいたのよ」

とふーちゃん。中山先生は次のように語ったと聞きました。

「服装や話し方について考えるより先に、これまで**あなたに関わってくれた人たちに、お礼とお詫びの気持ち**を持つことです。それが、**下坐《げざ》に生きる**ということです。お礼だけでも、お詫びだけでもダメです。同時に同じ気持ちが溢れて、初めて本当に理解したと言うことです」

その話を聞いて、僕の中にもお礼とお詫びの気持ちが芽生えてきました。

人生の物差しはひとつではありません。

たとえば、「成功」と「幸せ」で考えてみましょう。成功は「するもの」ですが、幸せは「なるもの」でしょうか？

成功は数値化できます。**幸せは数値化ができません。**

これは、フィギュアスケートでかつて採点基準とされてきた、技術点と芸術点の違いに似ているかもしれません。

幸せはなるものではなく、「今、幸せを感じるチカラ」を言うのかもしれません。

人づき合いのコア 28

すでに生きていない無数の人たちのおかげで、僕たちは今ここにいる。

子どもたちに何を残すべきか

すべての叡智はあなたの中に在る

僕たちが恐れを感じるのは「命を守る」ためのようです。

あなたの命は数えきれない先祖が守り続けてきた命でもあります。随分と長い間、守り抜かれてきたものですね。その途中、経験したあらゆる知恵を記憶としてあなたの体に宿しました。

すべての叡智はあなたの中に在るのです。

ひと世代を30年と考えると、10代前になると300年前。大政奉還から150年あまり。300年前となりますと江戸時代ですね。

ひとりの人間には父と母。その父母にも父母がいて……と数えると10世代前に1024名の方々が存在し、それらすべての経験があなたに集約されているのですね。

偉大です。20世代前にさかのぼると、先祖は約105万人になるそうです。

なかには貧乏な人も、お金持ちも、悪い人も、大笑いをし続けた人もいたはずですが、それらの記憶を引き出す方法があるなら知りたいと思います。

僕はもしかすると、こんな可能性を感じています。

悲しい気持ちになると悲しい記憶が反応し、浮上する。嬉しがれば、嬉しい記憶。大笑いすれば、大笑いした過去の記憶が反応し、現実を創造する手伝いをしてくれるんじゃないだろうかと。あくまで仮説です。

＊

僕たちは、ついつい子どもを自分の所有物のように感じてしまいます。

しかし、**子どもたちは、僕たちが学校で習った世界とはまったく違う世界を生きている**のです。

平成元年（1989年）世界時価総額ランキングトップ50に日本の会社は32社も入

っていました。世界ナンバーワンはＮＴＴでした。現在、**世界のトップ１００位に日本の会社は数社**しか見当たりません。

最低賃金も、平均年収も韓国に追い抜かれ、**部長クラスの年収はタイにも抜かれて**しまっています。

30年後（あなたがあなたの親の年齢になり、お子さんたちがあなたの年齢になる頃）の日本はどうなっているのでしょうか？

インド、中国、インドネシア、そして、ギリギリ日本もトップ10に残っていると思われます。トップ10には４つのアジアの国々が入っているので、「私は日本人です」よりも「私もアジア人です」の立ち位置が、未来を開くヒントになるかもしれません。

寿命も伸び、時代の移り変わりも速いということは、「いい会社」「いい仕事」という概念も実態も、凄い勢いで移り変わるということです。

ならば**「大好きなこと、没入できる仕事」**を選び、**それらを深掘りしていく**気質を伸ばしていくことが最大の武器となりそうです。

大人は、気軽にチャレンジできる空気感や環境を作り、しくじっても立ち上がれる、彼らのセーフティネットとしてシッカリどっしりと構えてあげる必要があります。

『DIE WITH ZERO』というベストセラーには、こんなニュアンスの一節があります。

1000万円のお金を残して死んだなら、その人はその分の経験を失くしてこの世を去ったのだと。

なんと衝撃的な情報なのでしょうか⁉　たった一度の人生です。しっかりと人生を味わい切りたいものです。

そして、そんな生き方を子ども達にも見せて生きたいものです。

子どもは「言ったことではなく、やったことを真似る」と言います。

あなたは「生き様」という教科書なのです。あなたが「人生って面白いね」と感じる生き方ってなんなんでしょうか？　それが子どもたちが「人生って面白いね」と感じる生き方なのかもしれません。

第5章でも触れましたが、チベット密教の経典に「リーダーとは、その仕事を一番楽しんでいる人」という一節があるようです。あなたが親として、家族のリーダーならば、「人生を一番楽しんでいること」が大切なようですね。

そして、子どもたちに**「こんな面白い大人がいますよ〜」**とドンドン見せてあげたいものです。

人づき合いのコア 29

子どもにとっての親の役割は、楽しんで生きる背中を見せること。

親という圧倒的な存在に触れて

CORE

尊敬から始まりライバルに変わる

誰から褒められたいか。

そう問われたら、**僕は「親父」と答えます。**もう20年前に他界しているのですが、僕は親父のことを圧倒的に尊敬していました。**僕にとって、彼はスーパースターだったのです。**

親父は、僕にとって仕事をするとはどういうことかを教えてくれた人であり、いつかは越えたいと思っていました。

よく、「男性の場合は、同性の親との関係がビジネスのやり方に大きく影響を与える」と言われますが、僕の場合も、まさにそうだったと思います。

親父は真珠の養殖業をしていました。田舎の人なので、**決しておしゃれではない**

のですが、遊び心のある人でしたね。

僕が30歳くらいのときの話です。

友人たちと、雑誌で見た「海に浮かぶフローティングバー」がカッコいいなという話をしていたんです。その中のひとりがデザイナーで、芸大で講義もしていたので、「じゃあ、フローティングバーの設計図を課題に出してみるよ」と言い出して。

学生たちの案をまとめて、本当に図面をひいてくれたんですよね。

うちの親父は、その図面をもとに大工にバーを作らせて、それを海に浮かべてくれました。

本当は海に浮かぶ建物なんて登記が通らないはずなんですが、真珠の養殖をやっていたので「ちょっとおしゃれな作業場」というような感じで、登記が通りました。

そのフローティングバーを親父が船でポンポンと引っ張って入江に放つと、風と潮でゆっくり舞いながら流れていく。危険な場所に流れていきそうになると、また親父が船でポンポン引っ張ってくれる。

「お前ら、アホやなあ」と言いながら、親父も楽しんでいたのだと思います。

僕らはそこで音楽をかけながら酒を飲むという遊びをしていました。都会から仲間を呼んでは、そのフローティングバーに乗せて遊んでいたわけです。

あるとき、持ち込んだ車用のバッテリーの繋ぎ方を間違え、スピーカーとプレーヤーを繋ぐコードのヒューズが飛んでしまったことがありました。

僕らは、何をどうしたらいいのかわからない。「えっ？　音楽かからないじゃん」と思うだけ。

そんなときに、親父はヒューズをパチンパチンと切って、あっという間にぴゅっとつないでくれた。それだけやって、またすぐに船に戻っていくんだけど、その姿が本当にカッコよかったんですよね。

あとで理系脳で考えて、「なるほど」と。父親がなにをしたのかを理解したときには、しびれました。

昭和ひと桁生まれの男児で、モノがない時代、モノが壊れる時代に生きてきた人。だから、**何でも作ってしまうし、何でも直してしまう。**車だって、ひょいっと直してしまうんです。

それがそのまま「生きる力」のように思えて、憧れていました。

この人は、食糧危機がきたとしても、きっと家族分くらいは獲物を捕まえてくるんだろうなという強さ。そういう**人間的な強さ**を、子どもの頃からずっと尊敬していました。

親父に憧れて始めたのが、アマチュア無線でした。

親父は人見知りだったので、あまり友人と親睦を深めるようなことはなく、どこかに出かけるときはいつも社交的な母に連れられて出かけるような人でした。

ただ、唯一自分から出かけていくのが、アマチュア無線の仲間と会うときだったのです。

そのメンバーと会うときは、親父の理系脳が炸裂しているように感じて、その場に僕も参加したいと感じたのでしょう。

この間、小学校のときの卒業文集を読み返したら、将来の夢のところに「アマチュア無線の免許を取る」と書かれていました。その頃から、憧れがあったんでしょうね。実際には、中学2年生のときに免許を取りました。

結局、中2の僕にとって、大人ばかりのグループはなじめなかったのですが、**親父はアマチュア無線を通じて遠方に何人も友達を作って交流をしていた。**それは素敵だなと思っていました。

僕にとってはそれが、インターネットに変わっていったみたいなところがあります。

そんな親父が、壊れたレコードのように何度も話すエピソードがあって、それが**親父が学生時代の徒競走の話です。**

当時の生徒たちはふんどし一丁で走るのだけれど、走っているとふんどしがほどけてしまって外れそうになるから、それを押さえるために立ち止まってしまう人が何人もいたのだそうです。

でも、親父は手でふんどしを押さえたまま走ってちゃんと一番だった。

それを、みんなは腹をかかえて笑っていたという話です。生徒だけではなく、先生も笑っていたそうです。

親父は「それは絶対におかしい」と言うんですよね。

親父はつまり、「恥とは何か」という話をしたかったんだと思います。

ふんどしが外れるのも恥ずかしい。でも負けるのも恥ずかしい。だから、**ふんどしをホールドしながら勝負にも負けない**、それが一番正しいはずだ。

それを先生も笑うとは、道理がわかっておらんということを、何度も何度も話すのです。

物心ついたころからくり返しその話を聞かされてきた僕は、その話から、親父ならではの美学のようなものを感じていました。それは、**笑われても結果を出すことが大事なんだ**という気概です。

本末転倒する人は多いけれど、**本も末も両方取らなきゃならない。**僕はそう捉えました。原因が何であれ、結果を出せないことは恥ずかしいことである。そして、それを何かのせいにするのはもっと恥ずかしいことである、ということ。

これは、**今でも僕の価値基準のド真ん中**にあります。


親父のことでよく覚えているのは、**ガチガチの肩凝りだった**ことです。

小学生のときに、今日は父ちゃんの肩を揉んであげようと思ったら、あまりの固さにびっくりしました。肩だけではありません。あまりに肩が凝り、凝り過ぎて歯ぐきまでパンパンに腫れていました。

子どもながらに思うところがあったのでしょう。「そんなに頑張らんでええんちゃう?」と伝えたら、**「何言うとんのや。お前らを食べさせていかなあかんのに」**と言う。その言葉は今でも忘れられません。

だから、僕の「頑張る」の基準は、肩がガチガチに凝って、歯ぐきが腫れるほどやるということ。それくらいまでやるのが、本当の意味での「頑張る」なのだ、と。

元旦の朝の8時に、「ちょっと海、見てくるわ」と家を出て行ってしまうような人

でした。おふくろがよく「仕事が好きすぎて、ほかにやること、何もないんやで」と茶化していました。

だけど僕は、**「仕事をするというのは、そこまでやるということなんだな」**と感じていたんです。こうやって、親父の背中を見て、**ビジネスに対する価値観が培われていった**と感じます。

（ただ、最近は、それが僕の肩凝りの原因なのではないかと言われたりしています。「肩が凝っていないと、頑張ってるとは言えない」というメンタルブロックがかかっているのではないかと言われて、た、たしかに……となっているところでした（笑））

人づき合いのコア 30

子どもは親の言葉の裏にある「想い」を自然に感じ取る。

親の背中がだんだん近づいてくる

CORE CORE

尊敬していた人を越えるとき

僕は、青春のど真ん中をヤンキー文化に浸って生きた世代です。

高校生のときは、家を出て下宿をしていたのだけれど、夏休みにパンチパーマをかけて家に帰ったわけです。

こちらとしては、親になんて言われるかなと内心ドキドキしながら帰ったのですが、おふくろが「あんたきれいな髪の毛しとるやんか。いつもこうやっときなさい」と言われ、ずっこけてしまったことがありました。

田舎の人だから、その髪型がヤンキーの象徴であることも理解していなかったのでしょうか。いや、母の生まれ育った北九州では、これが標準だったのかもしれません(笑)。

父も母も、あまり僕を縛らない人たちでした。

仕事が忙し過ぎて、手が回らなかったのかもしれません。本人たちは「自由にさせていた」とは思っていないかもしれませんが、結果的には自由だった。

中学生のとき、暴走族に入っているような同級生たちが、行くとこがないからよく僕の家に立ち寄っていました。そして、夜中にクラクションを鳴らしていく。

親父たちは疲れ果てて寝ていましたが、朝起きると、

「昨日、バイク来とったな」

「ああ、〇〇と〇〇が来とった」

というと、ガハハと笑って、

「あいつら、行くとこないんやなあ」

と言っていたのを覚えています。ドラマだったら普通、「不良の子とつき合ったらあかんで」とか言うんだけどなと思いながら、肩透かしをくらったような、嬉しいような気持ちでした。

そんな両親だったから、**自分でよくよく考えないと、これはアカンことになるな**と思って育ったのが僕です（笑）。自分でちゃんと線引きをしないと、どこまでも行ってしまうなと感じていました。

おふくろは社交的で明るくて、よくも悪くも人間のずるさを理解して生きているような人でした。

それに比べて、**親父は実直な人だった**と思います。真面目なゆえに、人が曲がったことをすると腹立たしく感じることも多かったのではないかな。

ずるい人の行いに傷ついたり苦しんだりしたこともあったと思いますが、反面、うまくいったことに対しての喜びや、正しくあろうとしたときに良い結果が返ってきたときの喜びも大きかったのだと感じます。

あるとき、僕のカードの残額が足りていなくて、引き落としができないことがありました。それで、家に督促状がきたのです。

親父はそういうことが、絶対に許せない人でした。

「明日、払い込みに行くから」と言っても、「そういうことを言っとるんじゃない」と烈火のごとく怒るのです。「商売というのは信用で成り立っている。お前はその信用を軽く見とる」と言うんですね。

今考えると、**しごく大切なことを伝えておかねば**と思ってくれていたんだと気づきます。

そんな親父ですが、あるとき、家族のように信頼していた仕事仲間に騙されて、**収入のほとんどを持ち逃げされた**ことがあります。親戚一族で2億円。うちだけでも2000万円、持ち逃げされたのです。

当時の2000万円というと、今だといくらくらいでしょうね。被害金額の大きさもさることながら、その年の売上を根こそぎもっていかれたので、親父も相当悔しかったと思います。それも、近しい人間に騙されたわけなので。

そのときの親父は、本当に見てられなかったです。

毎日イライラしているし、怒っているし、飲めないお酒を飲んでは吐いて。おふくろが「体を壊してしまったら、元も子もない」と嗜《たしな》めると、それに対してもイライラして怒鳴るという感じで。

僕も、親父のそんな姿が、耐えられなかったんでしょうね。

あるとき、親父に、

「ねえねえ、うちが騙した側じゃなくて、騙された方でよかったじゃん」

と言ったらしいのです。

「人様をこんな気持ちにさせているのが、うちの方じゃなくてよかったじゃん」

って。

小学生のときのことなので、僕は覚えていないのですが、おふくろから聞きました。

おふくろ曰く、その言葉を聞いて、親父はハッとした顔をしたそうです。

「あんたのひと言で、あの人は迷路から抜けたんやで」

と、聞かされました。

僕はその頃はまだ幼なかったけれど、「そうか、俺、役に立てたんだ」と思って嬉しかった。

悔しさが親父の身体中に充満している姿を見ていたので、その苦しさを吐き出し、抜け出てくれて良かったと安堵したことを薄ら覚えています。

そこからの父母の働き様は、天晴れでした。凄い勢いで我が家の経済を立て直し、勢いよくやり抜いていく姿は忘れません。

親父はいつも、僕の目標でした。

親父はなかなか頑固だったから、いつも、親父に認められたいという気持ちが強かった。実はそれが僕の心の支えでした。

「こんなことができるようになったよ」と僕が自分の成果を伝えると、なぜか鼻をふくらませて照れたような顔をするんです。明後日の方向を向いてしまうんだけれど、その横顔を見たくて頑張っているところがありました。

自分が働くようになってからは、**ずっと年収の比べっこをしていたんです。**

31歳のときに、ついに親父の年収を抜くことができました。

その年、親父は海を引退しました。とても潔い引退でした。

あとから考えると、とてもいいタイミングで退いたことになります。その後、海の仕事がうまくいかなくなって、親父の周りにいた同業者の皆さんは、借金を抱えることになっていきます。

「おまえんとこの父ちゃんは、ええタイミングで身を引いた。賢明や」

と親戚に言われたりしました。

＊

親父が引退してすぐの頃のことです。仕事で札幌に行ったときに食べた寿司が、ものすごく美味しく（ススキノの「〇《マル》鮨」さん）、これは、親父にもおふくろにも食べさせたいと思って、旅行を企画し、連れて行ったんです。

その寿司を食べた親父が「これは美味しいな」としみじみ言うのを聞いたときに「ああ、**僕は親父を追い越してしまったんだ**」という、言葉にならない気持ちが込み上げてきました。

それまで常に物を教えてくれる存在だった人を、追い越してしまった。

そのときは、僕が親父に物を教える立ち位置になってはいけないというとまどいと、でも僕も大人になっていかなくてはならないという気負いに挟まれて、とても複雑な気持ちになりました。

今まで、親父の見ている世界の方が、いつも自分より広くて大きかった。僕の見ている世界のほうが小さかったから……。

それまでは、僕の方がわかっていると思っていることでも、「お前は全然わかっていないなぁ」と、まるで親父の世界のほうが広いかのような言われ方をしていたのですが。

それが「これは美味いなぁ」と親父が言った瞬間に、**「ああ、俺の世界の方が大**

きくなっちゃったんだな」と寂しく感じたのです。

親父は寿司が大好きだったのですが、**その日を境に、寿司を食べなくなった**と母から聞きました。

それは、そのとき札幌で食べた寿司の味を忘れたくないからだと。

ガンが進行し、入院したときも、「退院したら、北海道に行こうね。お寿司食べようね」と約束していたのですが、親父は食べずじまいのまま、その約束は果たせなくなってしまいました。

親父を越してしまったというあの感覚は、**今でもざらっとした感触で僕の心の中に残っています。**

人づき合いのコア
31

子どもは親を越えたいと願う。
親は子どもにすべてを伝えたいと願う。

親との距離感を整える

CORE CORE

呼び名を変えると親との関係も変わる

あれはいつくらいのことだったでしょう。20代半ばの頃だったかな。それまで、親父のことは「父ちゃん」と呼んでいたのですが、急にこっ恥ずかしくなったときがあったんです。

うちの家は、友達が遊びにくると、「ワシも飲みたいなあ」と親父が参戦してくるような環境でした。友達も、どうもどうも、という感じで一緒に飲み明かす。そんな家だったのです。

そんな場で、普段は対社会に対して大人の顔をしている自分が「父ちゃん」って呼ぶのが気恥ずかしかったんでしょうね。家庭の顔を仲間に見せてしまう感じになるので。

なので、その頃に僕は、親父のことを**「八十八（やそはち）さん」**と呼ぶようになりました。僕がそう呼ぶものだから、友達も「ああ、どうも、八十八さんお久しぶりです」なんて会話をするようになって。それが、とても楽な感じだったんですよね。

母のことも同じです。前は「母ちゃん」と呼んでいたのが、同じ頃に、**「スミエさん」**と呼ぶようになりました。

すると、**親との関係がバンっと変わりました。**

親という存在から、ひとりの個人として相手を見るようになったのです。親に対峙するときに感じる〝照れ〟のような感情も、そのときに抜けました。

「八十八さん、ちょっと聞きたいことがあるんだけど」

「ねえねえ、スミエさん、今話しても大丈夫?」

とか。そんなふうに話しかけるようになってから、両親とつき合いやすくなったと感じます。

前に、相手の欠点が見えるときは、距離が近すぎるときだという話をしました。

相手の嫌なところが見えるほど、近づきすぎてしまっているのです。

「父ちゃん」「母ちゃん」と呼んでいるときは、家族だから距離が近いんですよね。でもこれが、「八十八さん」「スミエさん」だったら、**他人の距離感です。**他人の距離感だからこそ、いい部分しか見えない距離感でつき合うことができる。

もし、今、親との関係やつき合い方で悩んでいる人がいたら、呼び方を変えることをオススメします。**ほどよい距離感が取れれば、相手の嫌な部分も目に入ってこなくなる。**

一心同体親子のようになっていて、それが苦しくなっている人もいると思います。それが、お互いを個として見られるようになったら、少しラクになるのではないでしょうか。

人づき合いのコア
32

親子であっても一定の距離を置いた方がいいつき合いができる。

親との別れを受け入れる

CORE CORE

死の悲しみは遅れてやってくる

親父の死期が近づいてきたとき、ふと、**「親父には死の概念がないのでは」と心配になりました。**

死の概念というのは、「脳の全活動の停止、心拍の停止、呼吸運動の停止がおこり、人工的な蘇生（そせい）の努力がすべて無効であれば、間違いなく死と判定される」といった、そんな意味ではなく、「死とはいったいなんなのか？」の決着が親父にはついてないのではないかと焦りました。

親父はただただ死を恐れているのではないかと思うと、息子として、ひとりの人間として、親父に対してできることがあるはずだと思いました。

たまたま2人で、親父が運転する軽トラックに乗っていたときのことです。「今だ！」と思った瞬間がありました。僕は、親父にこう切り出しました。

「ねえ、八十八さん。もし、八十八さんと同じ学年で同じクラスだったら、きっと親友になっていたと思うんだよね」

と。すると親父は、

「おお、そうか。そうかもしれないな」

と、答えました。そこで僕は、

「こういう関係って、一座で動いているらしいんだよ。劇みたいに、今回は八十八は父、拓巳は息子の役だけど、次の演目では拓巳が兄で、八十八が弟とか、妹とかになって、一座でやっているみたいだよ」と続けました。ドキドキしながら。

その後、何もなかったように違う会話に切り替えました。**この死生観が親父の心にゆっくり馴染んでくれたらいいいな**と思いながら、願いながら、祈りながら、平常心で時の進行を待っていました。

それから間も無く、親父は入院生活になったのですが、なかなかモルヒネが効かなくてね。看護師さんから、「お父様は真面目な方ですね」と言われました。意識をきちんと保っておかなくてはという気持ちが強かったようです。

入院してからは、なるべく伊勢にある入院先の病院に通うようにしていました。親父はうつらうつらしながら、朝方、

「おお、なんや、お前来とったんか」

と気づいてくれる。

「そうそう。もう仕事行くね」

と、そのひと言だけを言うために通っていた。だから、今でも、覚えているんですよね。あの病棟の端っこの暗さとか。青白い光とか、匂いとか。

あのとき、親父がベッドに横たわっているのを見ながら『モルヒネの夢』という短編小説を書いたんです。でも、それは、消しちゃいました。読み返すと辛くなるから。

いつかこれをもう一回読みたいと思う日がくるんじゃないかなとも思ったから、消すのは勇気がいったのだけれど、やっぱり最後は苦しくなって消しちゃった。

親父を見送ってから3、4年は、その現実をうまく受け入れられませんでした。

葬式でも涙は出なかった。

いや、そのときは、現実を受け入れられないという自覚もなかったのかもしれません。ポカンと穴が空いたような状態がずっと続きました。


それが、ある年の正月のことです。

うとうとと二度寝したとき、親父が夢に出てきたんですよね。そこで、

「父ちゃーん！」

って、大きな声で叫んで、ワーーーンと泣いた。そして、「ああ、終わった」と思うことができました。

自分が泣き叫ぶ声を布団の中で聞いて、やっと、自分の中で、何かが終わったと感じることができました。親父が死んでから、4年くらい経っていたと思います。

それまで涙が出なかったのも、一生懸命気を張っていたのでしょうね。

親父がいなくなったことを受け止めてしまうと、きっと何かが変わってしまうと予感していたんだと思います。

こういうのは、終わったときにはじめて、ああ終わったと気づくのだと思います。

そして、それまで終わってなかったんだと気づくんです。

ずいぶん時間がかかりました。

ひょっとしたら、その欠落に気づかないまま終わっていく人生もあるのでしょう。

だから、親御さんを亡くした人には、入れ知恵をしています。「悲しみは、すぐには来んと思うよ。本当のロスは、もっと後にくるんだよ」って。

「父ちゃん」と呼んでいた親父が、「うざとい大人の男」となり、「八十八さん」となり、友人のような存在となって。

そしてまた最後、「父ちゃーん!」って子どものときのように大きい声で呼んで、ワーンって泣いて。

本当に、子どものように、ワーンと泣いたんですよ、夢の中で。だから、やっと終わったと思えたんでしょうね。

また、「父ちゃーん」と呼ぶことができて。

今、僕は、仕事でいろんな人とかかわります。そのときに、無意識に「この人を伸ばすためにはどうすればいいだろう」と考えます。

そして、今の立場になったからこそ、親父は僕をそういった目線で見ていたんじゃないかなと感じます。

どうやったら僕を伸ばすことができるか。

それを考えてくれていたのが親父だったのではないか、と。

だから、生物学的な意味合いだけではなく、親父がいなければ、親父とのつき合いがなければ、今の自分は存在していなかったと感じます。

人づき合いのコア
33

親とのつき合いのコアは、とてもひと言ではまとめられない。

おわりに

希望という光は、影が支えています。

「人とうまくやりたい」「嫌われたくない」という心の裏には、「私は人づき合いが苦手だ」「私は嫌われているかもしれない」といった影があるのです。

つき合うたびに嫌われているのではないかと感じることは、怖いことです。でも、その恐れから逃げず、しっかり感じることによって、私たちはその恐れと仲良くなることができます。

すると、モヤっとした気持ちや、嫌悪の気持ち、避けていた恐れが、怖いものではなくなっていく。それらの闇と友達になれたときに、その気持ちは薄らいでいつしか消えていくものです。

闇が消えると、光も消えます。影だけを消すわけにいかないので、同時に光も消えるのです。

そのあとに見える世界は、どんな世界でしょう。

僕は、そのあとには、**ただただ没入の世界が待っている**と感じます。

光と影という二元論ではなく。

好かれると嫌われるという二元論ではなく。

別の言葉では、ゾーンとかフローと呼ばれるような悦びの感覚に没入していく。

だから、僕は、みなさんに提案します。

闇を退けるのではなく、あなたの闇と向き合ってみてはどうでしょうか。

「人づき合いのコア」

この本は、自分とのつき合い方から始まりました。

そして、**この本は、自分とのつき合い方で終わります。**

光と影の統合ができたとき、あなたの心はとてもラクになるでしょう。そして、必要なことが必要なときに起こるようになるだろうと感じます。

最後まで読んでくださり、ありがとうございました。

２０２３年６月

山﨑　拓巳

著者公式LINEへの
アクセスはこちらから
↓

【著者紹介】

山﨑　拓巳（やまざき・たくみ）

◉——1965年三重県生まれ。広島大学教育学部中退。20歳で起業。22歳で「有限会社たく」を設立。以来35年以上、事業家やビジネスコーチとして活動。

◉——現在まで約60冊を上梓し、国内外で累計200万部のベストセラー作家でもある。講演・セミナー・勉強会なども大人気で、「コミュニケーション」「モチベーションアップ」「リーダーシップ」などをテーマに全国各地で開催している。また、ニューヨークにラーメン店「タクメン」を出店したり、アーティストとして国内外に絵画、Tシャツ、バッグを出展するなど、多方面で活躍中。

◉——主な著書に、『さりげなく人を動かす スゴイ！ 話し方』『お金のポケットが増える スゴイ！ 稼ぎ方』『最高のアウトプットができる スゴイ！ 学び方』（いずれも、小社）、『やる気のスイッチ！』『気くばりのツボ』『かわいい言い方』（いずれも、サンクチュアリ出版）などがあり、海外で広く翻訳出版されている。2023年に入り、インスタグラムの動画が人気を博し、フォロワー数は25万人を突破している（2023年6月現在）。

◉——本書では、コミュニケーション本でヒット作を連発してきた著者が、これまで伝えてこなかった、人づき合いに関する「深い部分（コア）」を余すことなく披露する。

山﨑拓巳公式LINEアカウント：https://lin.ee/7sMz1mM
山﨑拓巳インスタグラム　　：https://www.instagram.com/dana37/

正《ただ》しい八方美人《はっぽうびじん》になる秘密《ひみつ》　人《ひと》づき合《あ》いのコア

2023年 7月 18日　　第1刷発行

著　者——山﨑　拓巳
発行者——齊藤　龍男
発行所——株式会社かんき出版
東京都千代田区麴町4-1-4 西脇ビル　〒102-0083
電話　営業部：03(3262)8011㈹　編集部：03(3262)8012㈹
FAX　03(3234)4421　　振替　00100-2-62304
https://kanki-pub.co.jp/

印刷所——ベクトル印刷株式会社

ISBN978-4-7612-7681-2 C0030